MÉMOIRE
SIGNIFIÉ,

POUR la Dame GODEFROY & la Dame d'IVRY, Intimées.

CONTRE les Sieurs *Vaubert*, Appellants d'une Sentence rendue au Châtelet de Paris le 12 Decembre 1743.

QUELS sont les droits d'une femme mariée en Normandie sur les conquêts faits pendant son mariage ? Peut-elle les perdre parce que son mari a jugé à propos de transferer son domicile dans une autre Coutume ? Peut-on enlever à des enfans d'un premier lit la portion qui doit leur en appartenir pour en gratifier les enfans du second ? Telles sont les questions sur lesquelles la Cour doit porter sa décision.

Les Intimées n'en ont point imposé aux Juges du Châtelet, par des faits & des principes faux, comme on a la temerité de l'avancer de la part des Appellans ; l'affaire leur a été presentée telle qu'elle est encore aujourd'hui ; les mêmes faits, les mêmes moyens qui sont agités en la Cour ont été discutés devant eux, & c'est avec la plus grande conoissance de cause, & après l'examen le plus reflechi, qu'ils ont rendu leur Sentence.

Ils y ont jugé deux questions de droit ; l'une que la mere des Intimées mariée en Normandie, & ayant droit par la Coutume de cette Province de partager les conquêts qui se feroient pendant son mariage, n'avoit pas pu perdre ce droit, parce que son mari avoit transferé son domicile à Paris, & y avoit fait des acquisitions : l'autre que les Appellans, enfans d'un second lit, ne pouvoient pas, pour frustrer les Intimées issues d'un premier lit de ces conquêts, leur opposer des renonciations à succession future, que leur mere livrée à de nouveaux engagements & à de nouvelles affections, leur a fait faire par leurs contrats de mariage.

C'est à ces deux mêmes questions que se réduit encore aujourd'hui le Procès ; il faut commencer par rendre compte de quelques faits generaux.

A

F A I T.

Marie-Magdelaine Bodin époufa en 1676. *Jean Greſſent , Greffier & Receveur des Conſignations de Neufchatel* ; elle lui apporta en mariage 18000 livres, qui lui furent payés les 20 Fevrier 1676. & 27 May 1678 ; la moitié de cette dot fut aſſurée aux enfans qui naîtroient de ce mariage.

Le ſieur Greſſent avoit déja contracté un premier mariage , dont il avoit eu deux enfans : il eut de celui-ci deux garçons qui moururent en bas âge & deux filles , dont l'une a été mariée dans la ſuite *au ſieur d'Ivry,* & l'autre *au ſieur Godefroy*.

Il deceda à la fin de l'année 1683. ou au commencement de 1684. il ne s'agit point dans le Procès de ſa ſucceſſion ; la Dame d'Ivry n'a-voit lors qu'environ trois ans : la Dame Godefroy n'a vû le jour que quelques mois après ſa mort.

La Dame Greſſent ne fit point faire inventaire ; les Appellans vou-droient inſinuer qu'il y en a eu un, parceque dans un acte de 1687. l'on a énoncé que Jean & Nicolas Greſſent, enfans du premier lit ; re-mettroient entre les mains des Arbitres convenus pour regler le douaire de la Dame Greſſent , les inventaire , titres & autres pieces neceſſaires ; mais cette énonciation vague ne prouve rien ; il ne paroît point que cet inventaire ait été repreſenté lors de cet acte ; il n'en eſt fait aucune men-tion dans un autre acte fait avec le ſieur Jean Greſſent en 1732 ; les In-timées n'en ont jamais connu ni vû aucun , & on n'en ſçauroit raporter.

Les Intimées étant en bas âge, leur mere a dû naturellement avoir été élue leur tutrice. Les Appellans prétendent que c'eſt à Jean Gref-fent que cette tutelle devoit être deferée, mais c'eſt encore un fait dont on ne voit aucun veſtige ; on ne lui a donné cette qualité de tuteur ni dans l'acte de 1687. ni dans celui de 1732 ; la mere doit, ſuivant l'art. 8. du Reglement du Parlement de Rouen de 1673. être preferée pour la tutelle de ſes enfans ; elle eſt en tout cas chargée par l'article 5. de faire aſſembler les parens dans les trois mois pour proceder à la nomi-nation d'un tuteur , à peine de répondre de la perte que les mineurs en pourroient ſouffrir ; il n'a cependant jamais été rendu aucun aux Intimées compte de tutelle ; ces obſervations auront leur application dans la ſuite.

La Dame Greſſent ne demeura pas long-tems en viduité ; toutes ſes affections ſe tournerent bientôt du côté *du ſieur Louis Vaubert* , qui étoit lors Commis aux Aydes à Neufchatel.

Elle le fit pourvoir le 17 Avril 1686. de la Charge de Greffier de Neufchatel, dont le ſieur Greſſent étoit mort titulaire ; les Appellans voudroient faire entendre que c'étoit une Charge de Greffier diffe-rente, que le ſieur Vaubert avoit levée aux Parties Caſuelles ; mais ils n'ont qu'à repreſenter la cotte 38. de ſon inventaire , & on verra que c'eſt préciſément la même.

Le 20 Avril de la même année 1686. elle l'épouſa. Les Appellans qui ſe ſont toujours conduits dans cette affaire avec ruſe & avec diſſi-mulation , ont affecté de ne rapporter que les articles de mariage qui font du 20 Avril 1686. & de ne pas faire paroître l'acte de célébration, ils ont avoué au Châtelet que ce mariage étoit de l'année 1686. L'on fçait que les articles de mariage fous feing privé , qui font affez en ufage en Normandie, ne fe dreffent que le jour même de la celebration: les Intimées articulent en tout cas , que cette celebration eft de l'année 1686. elles fe foumettent, s'il eft neceffaire, à en faire la preuve ; le refus que les Appellans font de reprefenter cet acte de celebration, qui étant leur titre, eft certainement en leur poffeffion , fuffiroit même pour le prouver.

Fol. 7. vo. de leur avertiffement du 16 Octobre 1741. & p. 2. de leur Memoire imprimé.

Ces articles qui leur tinrent lieu de contrat ne contiennent aucunes ftipulations particulieres ; il paroît à la verité qu'ils s'épouferent relativement à la Coutume de Normandie; la Dame Greffent fe referva même expreffément les droits qu'elle lui attribuoit.

La mere qui fe remarie peut être deftituée de la tutelle, fuivant l'article 6. des Placités de 1666. & l'article 10. du Reglement de 1673. mais lorfque les parens ne provoquent point fa deftitution , elle la conferve ; le mari devient même , fuivant l'article 7. des Placités , & le 11. du Reglement affocié à la tutelle, & obligé d'en continuer la geftion, jufqu'ace qu'il y ait un autre tuteur; ce fecond mariage loin de diminuer les droits des Intimées , par rapport à leur tutelle , leur a par confequent donné un fecond tuteur dans la perfonne du fieur Vaubert.

La premiere démarche du fieur Vaubert fut de faire paffer un acte à la Dame Vaubert le 16 Fevrier 1687. par lequel il lui fit reduire la dot qu'elle avoit apportée au fieur Greffent à 8365 livres quoi qu'elle fût de 18000 livres , fuivant fon contrat de mariage de 1676. & que le fieur Greffent eût reconnu l'avoir reçue en entier par les deux quittances des 20 Fevrier 1676. & 27 May 1678.

Cet acte , qui étoit une veritable contre-lettre au contrat de mariage de 1676. eft profcrit par l'article 388. de la Coutume de Normandie ; il eft d'ailleurs manifeftement nul , en ce qu'il a été paffé par la mere des Intimées en qualité de veuve du fieur Greffent, quoi qu'elle eût époufé dès le mois d'Avril 1686. le fieur Vaubert, qui en reconnoiffoit tellement la fraude & l'injuftice, qu'il n'ofa pas y paroître en qualité de fon mari, & fe contenta de le figner comme témoin.

Cinq enfans font iffus de ce fecond mariage , ce font les Appellans.

En 1704. & 1708. les Sieur & Dame Vaubert ont marié la Dame Godefroy & la Dame d'Ivry , feules filles du premier mariage de la Dame Vaubert ; ils ont donné à la Dame Godefroy 7000 livres, & à la Dame d'Ivry 8200 livres, en y comprenant quelques années de nourriture ; & quoique ces fommes fuffent de beaucoup inferieures à ce qui leur revenoit du chef de leur mere, ils ont eu grand foin de les faire renoncer l'une & l'autre à fa fucceffion future.

En 1708. le fieur Vaubert a jugé à propos de quitter la Province de Normandie , & de venir s'établir à Paris , où il a fait differentes acquifitions.

La Dame Vaubert y eft decedée le premier Avril 1715. le fieur Vaubert n'a point fait faire d'inventaire.

4

Les sieurs Godefroy & d'Ivry auroient pu faire mettre un scellé, mais soit negligence de leur part, soit parce qu'ils comptoient que le sieur Vaubert devoit avoir l'usufruit des conquêts, aux termes de l'article 331. de la Coutume de Normandie, ils sont demeurés dans l'inaction jusqu'en 1733. & 1736. qu'ils sont decedés.

Le sieur Vaubert est mort en 1739; y ayant eu un scellé apposé, les Intimées y ont formé opposition.

Quoique la Coutume de Normandie n'admette point en general la communauté, elle donne à la femme & à ses heritiers la proprieté de la moitié des conquêts faits en Bourgage pendant son mariage.

Il n'y avoit en consequence nul doute que la moitié des conquêts en Bourgage, situés en Normandie, n'appartînt à la Dame Vaubert au jour de son decès, & ne fit partie de sa succession; la question étoit de sçavoir si la translation que le sieur Vaubert avoit faite de son domicile à Paris en 1708. avoit pu lui ôter le droit que la Coutume de Normandie, relativement à laquelle elle avoit été mariée, lui donnoit sur les conquêts, si elle n'avoit pas dû avoir également la moitié des conquêts qu'il avoit faits à Paris, & si les Intimées ses filles & ses heritieres, ne devoient pas être admises à y participer.

Les Parties étoient convenues d'abord de consulter de part & d'autre cette question, & de se communiquer respectivement les avis qu'on leur donneroit.

Les Intimées ont consulté tout ce qu'il y avoit de plus instruit sur ces matieres à Rouen & à Paris, & ont eu en leur faveur les consultations les plus précises, qui sont même conformes au sentiment de tous les Auteurs, & à la jurisprudence de plusieurs Arrêts.

Les Appellans n'ont pu en avoir aucune qui leur fût favorable; tout ce qu'ils ont pu obtenir de ceux qui avoient le plus d'envie de leur faire plaisir, a été que la question étoit difficile.

Ces éclaircissemens n'ont servi qu'à les mettre de mauvaise humeur: après avoir gardé plusieurs mois les consultations des Intimées, ils les leurs ont renvoyées, & les ont aussitôt fait assigner en main-levée de leur opposition au scellé; les Intimées ont conclu de leur part au partage des conquêts, & à ce que y ayant sept enfans de la Dame Vaubert, il leur en fût donné un septiéme. Les Appellans leur ayant opposé les renonciations portées par leurs contrats de mariage, elles ont obtenu le premier Fevrier 1741. en tant que besoin seroit, des Lettres de Rescision.

L'affaire appointée au Châtelet y a été instruite de part & d'autre; elle s'y est reduite à deux objets, le droit des Intimées sur ces conquêts, & la validité de leurs renonciations; les mêmes moyens que les Parties employent en la Cour ont été proposés, & si on y a donné moins d'étendue, il n'y en a eu aucun de negligé. Les Juges du Châtelet ont donné à cette affaire toute l'attention qu'elle méritoit; elle a été agitée pendant plusieurs séances, enfin tous les suffrages se sont réunis en faveur des Intimées.

Par Sentence du 12 Decembre 1743. sans s'arrêter aux fins de non-recevoir des Appellans, les Lettres de Rescision des Intimées ont été
entherinées

entherinées en tant que befoin feroit ; en conféquence fans avoir égard aux renonciations portées par leurs contrats de mariage , il a été ordonné qu'il feroit procedé devant un Commiffaire au partage des biens fitués dans la Coutume de Normandie, dans lefquels elles avoient droit pour un feptiéme , en qualité d'heritieres de leur mere , même de la moitié des biens conquêts faits par le fieur Vaubert pendant fon mariage, tant dans la Coutume de Normandie qu'à Paris ou dans d'autres Villes regies par des Coutumes , ayant femblables difpofitions que celle de Paris , dans tous lefquels biens & conquêts elles auroient pareillement chacune un feptiéme , avec les interêts tels que de droit ; lors duquel partage elles feroient tenues de rapporter, fuivant leurs offres , les fommes qu'elles avoient reçûes en mariage du chef de leur mere, & les Apellans feroient tenus pareillement de rapporter les fommes qui pouvoient leur avoir été données du chef de leur mere , ou qui procedoient de biens & effets dans lefquels elle avoit moitié, comme conquêts faits en Bourgage ; les Appellans ont été condamnés à communiquer à cet effet aux Intimées , tant l'inventaire fait après le decès du fieur Vaubert , titres & pieces inventoriés par icelui , que les Procès-verbaux de fcellé & de vente, avec dépens.

Il eft uniquement queftion fur l'appel de fçavoir , fi cette Sentence a bien ou mal jugé.

Les Appellans reprochent aux Intimées de vouloir devenir les heritieres d'un Fermier General pendant qu'elles ne font que les filles d'un Greffier ; ils entrent dans un grand détail des effets que le fieur Vaubert a laiffés, ils ont même produit un prétendu dépouillement des biens compris dans fon inventaire.

Les Intimées ne fe méconnoiffent point ; elles fçavent que leur pere n'étoit que Greffier ; elles n'envient même aux Appellans ni la gloire d'être enfans d'un Fermier General , ni la fortune que leur pere leur a laiffée ; elles ne reclament que ce qui doit leur revenir du chef de leur mere , & la Sentence ne leur adjuge en effet que leurs parts dans les conquêts qui exiftoient au jour de fon décès.

Il ne s'agit point quant à prefent d'en examiner le montant ; c'eft pourquoi l'état qu'ils ont produit eft totalement inutile : la Sentence les condamne à communiquer aux Intimées l'inventaire fait après le décès du fieur Vaubert , & toutes les pieces qui y ont été inventoriées ; quand elle aura été confirmée , & qu'ils auront fatisfait à cette difpofition , on verra en quoi ces conquêts confiftent , & les Intimées ne feront pas embarraffées de faire connoître qu'ils font très-confiderables.

Il eft vrai que le fieur Vaubert n'a été Fermier General que depuis la mort de la Dame Vaubert ; mais il eft entré dans les Fermes generales au premier Octobre 1715. il avoit fait fes fonds avant d'y entrer qui montoient à 240000 livres ; il n'eft pas poffible que depuis le premier Avril 1715. que la Dame Vaubert étoit décedée jufqu'au mois d'Octobre , il eût amaffé une fomme auffi confiderable ; on ne fçauroit prouver qu'il l'eût à la mort de la Dame Vaubert en argent comptant ; il faut par confequent neceffairement qu'elle provienne des conquêts qui exiftoient au jour de fon décès.

B

Les Fermes n'ont pas été à beaucoup près auſſi fructueuſes dans le tems de la regie, dans lequel le ſieur Vaubert y eſt entré, qu'elles le ſont aujourd'hui ; on ſçait même qu'ayant confié les fonds qu'il en a retirés au ſieur Thirol Banquier dont les affaires ont mal tourné, il les a totalement perdus ; ainſi ce n'eſt point des Fermes generales qu'eſt venue ſa fortune ; il ſera aiſé de faire voir qu'elle s'eſt formée du vivant même de la Dame Vaubert par les differentes affaires qu'il a faites, les differens traités dans leſquels il eſt entré, ſingulierement avec le ſieur Godefroy, avec lequel il a eu depuis 1701. juſqu'en 1709. des affaires & des comptes qui montent à près de huit cent mille francs.

Toutes ces difcuſſions viendront lorſque la Sentence aura été confirmée ; c'eſt chercher à embarraſſer le Procès que de vouloir juſques-là en entretenir la Cour.

L'acte qu'on prétend que les Intimées ont paſſé en 1732. avec le ſieur Jean-Greſſent eſt encore plus inutile ; dès qu'il ne concerne, ſelon les Appellans eux-mêmes, que la liquidation du mariage avenant dû aux Intimées ſur les biens de leur pere, il eſt totalement étranger aux droits qu'elles peuvent avoir ſur les biens de leur mere, & ſur les conquêts fait pendant ſon mariage.

Il y a, ſelon eux, juſqu'à onze erreurs dans la Sentence : il faut commencer par écarter les quatre premieres qui concernent la fixation de la part hereditaire des Intimées à un ſeptiéme, les rapports & les communications qui y ſont ordonnées.

La Dame Vaubert n'ayant laiſſé que ſept enfans de ſon premier & de ſon ſecond mariage, la Sentence n'a pû ſe difpenſer de fixer la portion des Intimées chacune à un ſeptiéme ; ſi le ſieur Vaubert eſt donataire par ſon Contrat de mariage d'une part d'enfant, c'eſt aux Appellans à faire valoir ſes droits, & à former leur demande à ce ſujet. Cette donation ne forme d'ailleurs qu'une créance qui doit ſe prelever ſur la maſſe, & qui n'empêche point que la part de chacun des enfans dans ce qui reſtera ne ſoit d'un ſeptiéme.

La difpoſition de la Sentence qui en admettant les Intimées au partage des conquêts, les charge de rapporter les ſommes qu'elles ont reçues en mariage du chef de leur mere, eſt de droit, & il n'étoit pas même poſſible que les Juges prononçaſſent autrement.

Celle qui ordonne que les Appellans feront tenus pareillement de rapporter les ſommes qui peuvent leur avoir été données du chef de leur mere, ou qui procedent des biens & effets dans leſquels elle avoit moitié, comme conquêts faits en Bourgage, n'a rien que de regulier, puiſque ſi les Intimées rapportent ce qu'elles ont reçu du chef de leur mere, il faut bien que les Appellans en faſſent autant.

L'aîné des Appellans a été marié en 1714. & a reçu en mariage 120000 livres ; ſon pere lui avoit même acheté en 1710. une Charge de Treſorier de Madame de Berry 50000 livres. Le ſecond & le troiſiéme ont été mariés en 1724. & 1733. & ont reçu l'un 120000 livres, & l'autre 100000 livres. On verra en execution de la Sentence quels ſont les rapports dont ils peuvent être tenus, d'où provenoient les ſommes qui ont été données aux deux, qui n'ont été mariés que depuis le décès de la Dame Vaubert : fi elles provenoient de conquêts exiftans au jour de fon décès, il feroit jufte qu'ils les rapportaffent ; ainfi c'eft mal-à-propos qu'ils voudroient critiquer cette partie de la Senrence.

La communication de l'inventaire fait après le décès du fieur Vaubert des titres & pieces inventoriés, & des Procès-verbaux de fcellé & de vente étoit indifpenfable, le fieur Vaubert n'ayant point fait faire inventaite après le décès de la Dame Vaubert ; la Sentence n'a point jugé par-là que les Intimées duffent partager dans le mobilier ; elle n'a eu pour objet que de leur donner tous les éclairciffemens dont elles pouvoient avoir befoin pour faire valoir leurs droits, & ne fait aucun tort aux Appellans.

Les autres erreurs dépendent ou de la queftion du droit des Intimées fur les conquêts, ou de la validité de leurs renonciations.

Les Appellans prétendent, 1°. Que quand les Intimées n'auroient pas renoncé à la fucceffion future de léur mere, ayant été mariées de fon vivant, elles n'auroient rien à prétendre fur les biens de Normandie. 2°. Que dans la même hipothefe elles n'auroient rien à prétendre fur les biens de Paris, parce que leur mere elle-même n'y avoit aucun droit. 3°. Qu'elles font non-recevables à reclamer contre les renonciations qu'elles ont faites à fa fucceffion.

Comme la premiere & la troifiéme de ces propofitions fe décident à peu près par les mêmes principes, il eft indifpenfable de les réunir. Quel étoit le droit de la Dame Vaubert mere des Intimées? quel eft celui des Intimées? c'eft où fe reduit tout le Procès.

L'on fe propofe de faire voir, 1°. Que la Dame Vaubert a eu droit de partager dans les conquêts faits pendant fon mariage même dans la Coutume de Paris. 2°. Que les Intimées ont droit d'en reclamer chacunes leurs portions.

La Dame Vaubert a eu droit de partager dans les conquêts faits pendant fon mariage même dans la Coutume de Paris.

Le droit de la Dame Vaubert fur les conquêts faits pendant fon mariage, dépend de l'effet de la difpofition de l'article 329. de la Coutume de Normandie.

Les Intimées ont pour elles fur cette queftion le préjugé de la Sentence, la Jurifprudence des Arrêts & les fentimens de tous les Auteurs: les Appellans n'ont pû en citer un feul en leur faveur ; mais comme c'eft moins fur les autorités que fur les principes & la raifon que la Juftice doit fe déterminer, il eft neceffaire d'entrer à cet égard dans quelque détail, & de commencer par pofer le veritable état de la queftion.

L'article 389. de la Coutume de Normandie paroît rejetter en gene-ral la Communauté : *Les perfonnes conjointes par mariage ne font com-munes en biens, foit meubles ou conquêts immeubles, ains les femmes n'y ont rien qu'après la mort du mari.* Quoiqu'on puiffe dire que ces derniers termes n'indiquent que le pouvoir qu'a le mari dans toutes les Cou-tumes de difpofer en maître de la communauté tant qu'elle fubfifte, il faut pourtant convenir qu'on regarde communément cet article comme exclusif du droit de communauté.

Mais en même tems que cette Coutume rejette la communauté, elle donne cependant à la femme un droit sur les meubles & sur les conquêts immeubles qui la composent, & ce droit est extrêmement different.

La femme a, suivant l'article 392. le tiers des meubles, s'il y a des enfans, & la moitié s'il n'y en a point; il est vrai qu'elle n'a ce droit que lorsque son mari meurt avant elle; c'est une espece de gain de survie ou de succession à laquelle l'article 394. lui reserve même la faculté de renoncer.

A l'égard des conquêts, voici quelle est la disposition de l'article 329. *La femme après la mort du mari a la moitié des conquêts faits en Bourgage constant le mariage, & quant aux conquêts faits hors Bourgage, la femme a la moitié en proprieté au Bailliage de Gisors, & en usufruit au Bailliage de Caux, & le tiers par usufruit aux autres Bailliages &. Vicomtés.*

Quoique cet article ne donne à la femme cette proprieté dans les conquêts qu'après la mort de son mari, il ne s'ensuit pas que ce soit un gain de survie ou un droit de succession, & que pour en profiter elle soit obligée de survivre à son mari, de même que pour les meubles. L'article 331. en fournit la preuve, en décidant que *le mari doit jouir par usufruit sa vie durant de la part que sa femme a eue en proprieté aux conquêts par lui faits constant le mariage, encore qu'il se remarie.* Dès que le mari survivant n'a que l'usufruit de la moitié de ces conquêts qui appartient à sa femme, que la femme en est, suivant cet article, proprietaire, c'est donc un droit qui lui appartient dans cette Coutume comme dans toutes les autres à titre de femme, par droit de conquêts & par la loi de son mariage.

Les Appellans disent qu'il est assez difficile de definir ce que c'est qu'un heritage en Bourgage; on tient communément que ce sont les immeubles situés dans les Villes ou dans les Bourgs & Villages; cette discussion est au surplus indifferente pour la question presente.

Lorsqu'un mari n'a acquis pendant son mariage que des biens situés en Normandie, il n'y a aucune difficulté, parce que la loi est écrite dans l'article 329; la femme a la proprieté de la moitié des conquêts faits en Bourgage, & à l'égard de ceux hors Bourgage, elle en a l'usufruit ou la proprieté, du moins en partie, suivant les differens Bailliages où ils sont situés.

Mais lorsque le mari a fait des acquisitions dans d'autres Coutumes que celle de Normandie, soit qu'il y ait transferé son domicile, soit même qu'il soit demeuré en Normandie, la femme doit-elle perdre le droit que la Loi de son mariage lui donne sur ces conquêts? il y a, à cet égard plusieurs sentiments.

Quelques-uns pensent que le droit de communauté dont la femme paroît exclue par l'article 389. est un droit personnel, mais que le Statut porté par l'article 329. qui lui donne la moitié des conquêts faits en Bourgage, est un Statut réel, qu'ainsi elle ne peut prendre part que dans

les

les conquêts faits en Normandie, que n'étant point en communauté, elle ne peut rien avoir dans les conquêts faits dans d'autres Coutumes; c'eſt ce ſyſtême que ſoutiennent les Appellans.

La plûpart eſtiment que le droit que l'article 329. donne à la femme dans les conquêts eſt un veritable droit de ſocieté & de communauté; que quoiqu'il ſoit moins étendu, il eſt de même nature que le droit de communauté qu'admettent les autres Coutumes; que ce Statut eſt auſſi-bien que le Statut de communauté, un Statut perſonnel, ou au moins un Statut mixte; que la femme ayant par la Coutume le droit de prendre part aux conquêts, étant declarée capable d'y participer, il n'eſt pas juſte qu'elle perde ce droit qui lui eſt acquis par ſon mariage, parce que ſon mari a transferé ſon domicile dans une autre Coutume, ou y a fait des acquiſitions, ſur tout lorſque cette Coutume, loin d'exclure la femme de prendre part à ces conquêts, lui en donne elle-même une portion.

Dans cette ſeconde opinion, il y a encore deux ſortes de ſentimens.

Les uns croyent que la femme ne doit avoir dans ces autres Coutumes que le même droit qu'elle auroit dans la Coutume de Normandie, qu'ainſi ne pouvant prendre part dans la Coutume de Normandie que dans les conquêts faits en Bourgage, elle ne peut pareillement prendre part dans les autres Coutumes que dans les conquêts qui peuvent repreſenter ces conquêts faits en Bourgage.

Les autres ſoutiennent que la femme mariée en Normandie, ayant par la Coutume de cette Province, & par conſequent par la Loi de ſon mariage, la capacité de prendre part aux conquêts, lorſqu'elle en trouve ſitués dans la Coutume de Paris, ou dans d'autres Coutumes ſemblables, elle eſt en droit d'y prendre la part que ces Coutumes lui permettent d'y prendre; c'eſt à cette derniere opinion qu'il paroît que les Juges du Châtelet ſe ſont fixés.

La Sentence n'a point accordé en cela aux Intimées plus qu'elles n'avoient demandé, comme on voudroit l'inſinuer; il n'y a qu'à lire les concluſions de leur Requête du 15 Juillet 1740. & l'on verra qu'elles y ont conclu au partage general des conquêts faits pendant le mariage de la Dame Vaubert.

C'eſt auſſi principalement à ſoutenir l'opinion de ceux qui ne veulent regarder la diſpoſition de l'article 329. que comme un Statut purement réel, que les Appellans ſe ſont attachés dans leurs écritures & dans leur Memoire.

Si l'on vouloit rechercher tout ce que les Auteurs ont dit ſur la diſtinction des Statuts réels & perſonnels, on ne finiroit point, & après s'être épuiſé en diſſertations on n'en feroit gueres plus avancé, parce qu'il n'y a point de matiere dans laquelle on puiſſe mettre plus d'équivoque, de ſubtilités & de jeux de mots; les Statuts regardent même preſque tous la perſonne, dont ils reglent les droits, & les biens qu'ils lui deferent, & peuvent par conſequent dans un ſens être enviſagés tous comme des Statuts mixtes; eſt-ce la perſonne ou les choſes qu'ils regardent principalement, *primario & principaliter*, comme diſent les

Auteurs ? c'eſt ſur quoi il eſt preſqu'impoſſible de donner des regles fixes & generales.

Sans s'embarraſſer de ces ſortes de diſputes de mots, il faut donc examiner, s'il eſt juſte qu'une femme mariée en Normandie, qui, par la Loi ſous laquelle elle s'eſt engagée, a droit de prendre part aux conquêts faits pendant ſon mariage, en ſoit excluë, parce que ſon mari a jugé à propos de transferer ſon domicile, ou de faire des acquiſitions dans une autre Coutume de communauté ; c'eſt la veritable queſtion que la Cour a à juger.

Les Intimées ſoutiennent qu'une femme, qui, par la Loi de la Coutume de Normandie ſous laquelle elle a été mariée, a droit de prendre part aux conquèts faits dans cette Coutume, quoique ce ne ſoit point en general une Coutume de communauté, a droit à plus forte raiſon de prendre part aux conquêts faits dans d'autres Coutumes de communauté.

Elles l'établiront par trois moyens : 1°. Par les diſpoſitions mêmes de la Coutume de Normandie, & par la nature du droit qu'elle donne à la femme. 2°. Par le ſentiment des Auteurs. 3°. Par la Juriſprudence des Arrêts ; on répondra en examinant chacun de ces moyens, aux principales objections des Appellans.

Premier moyen tiré des diſpoſitions de la Coutume de Normandie, & du droit qu'elles donnent aux femmes ſur les conquêts.

Les articles 329. & 331. qu'on a déja cités, ſuffiroient pour faire connoître la nature du droit qu'ils donnent à la femme ; la femme, ſelon l'article 329. *a la moitié en proprieté des conquêts faits en Bourgage, conſtant le mariage ;* c'eſt la Loi même qui lui donne cette proprieté ; elle la tient de l'acquiſition que ſon mari a faite pendant & conſtant ſon mariage ; elle en devient même tellement proprietaire dès ce moment, que ſuivant l'article 331. ſon mari ſurvivant ne peut avoir que l'uſufruit ſa vie durant, *de la part qu'elle a euë aux conquêts par lui faits conſtant leur mariage.*

C'eſt donc à titre de conquêts, c'eſt-à-dire, d'acquiſitions communes, à titre de femme, que la Loi même l'habilite pour prendre part à ces conquêts, qu'elle eſt admiſe à y participer ; elle eſt à cet égard en ſocieté, en communauté avec ſon mari ; ce droit de ſocieté de communauté n'eſt pas à la verité auſſi étendu dans cette Coutume que dans les autres, mais ce n'en eſt pas moins un veritable droit de ſocieté & de communauté.

C'eſt ce qui ſe confirme encore par les articles 330, 332, 333, 365 & 404. de cette Coutume.

Quelqu'accord ou convenant qui ait été fait par contrat de mariage, & en faveur d'icelui, les femmes ne peuvent avoir, dit le 330. *plus grande part aux conquêts faits par le mari, que ce qui leur appartient par la Coutume ;* ces derniers termes, *que ce qui leur appartient par la Coutume,* ſont extrêmement importants, puiſqu'il en reſulte que c'eſt donc un droit de communauté que la Coutume donne à la femme ſur ces conquêts, qui étant faits pendant ſon mariage, ſont cenſés provenir de la collaboration commune des Conjoints.

Le mari & ſes heritiers peuvent retirer, dit l'article 332. *la part des* conquêts ayant appartenu en proprieté à sa femme, en rendant le prix de ce qu'elle a coûté, ensemble des augmentations dans trois ans du jour du decès de ladite femme : ce droit de retrait est à la verité un droit singulier & particulier à cette Coutume ; mais ces termes, *la part des conquêts ayant appartenu en proprieté à sa femme*, n'en sont pas moins décisifs, pour prouver qu'elle en est proprietaire, du moment même de l'acquisition, & par la seule raison que c'est un conquêt fait pendant son mariage, auquel il ne seroit pas juste qu'elle ne participât point ; elle en est même tellement proprietaire, suivant cet article, qu'elle profite *des augmentations* que son mari a pu y faire pendant son mariage, quoiqu'il ne soit point en general en communauté avec elle, puisque lorsque son mari veut user du droit de retrait, il est obligé de rembourser à ses heritiers sa part & du fonds & des augmentations ; ce droit de retrait lui est donné comme chef de cette espece de communauté, mais il ne sert qu'à prouver de plus en plus la proprieté de la femme.

Avenant que le mari confisque, dit l'article 333. *la femme ne laisse d'avoir sa part aux meubles & conquêts, tels que la Coutume lui donne, comme si le mari n'avoit confisqué* ; il resulte encore bien clairement de cet article, que ce n'est ni un droit de succession, ni un droit de survie, que la Coutume donne à la femme, que c'est une veritable proprieté qui prend sa source dans le contrat d'aequisition fait pendant son mariage, puisque son mari même ne peut pas lui faire perdre sa moitié par sa confiscation.

Femme prenant part aux conquêts faits par son mari, constant le mariage : demeure cependant entiere à demander son dot sur les autres biens de son mary, dit l'article 365 : si la femme prend part aux conquêts faits par son mari, constant le mariage, elle est donc copartageante, part prenante, coproprietaire avec lui ; elle est censée avoir acquis avec lui ; le conquêt est censé fait des deniers communs, des deniers provenants de la collaboration commune.

La proprieté du tiers des biens que la femme a lors de son mariage, dit l'article 404. *ou qui lui écherront, constant le mariage, ou lui appartiendront à droit de conquêt, appartiendra à ses enfans :* non seulement cet article confirme la proprieté de la femme & de ses heritiers ; ces termes, *ou qui lui appartiendront à droit de conquêt*, sont sur tout remarquables, puisque ce droit de conquêt, ne peut évidemment être autre chose qu'un droit de communauté dans les conquêts.

La nature de ce droit developée, & developée par le texte même de la Coutume, il est aisé de se déterminer.

Si ce droit n'est qu'un droit de conquêt, si c'est la Loi qui le donne à la femme, s'il lui est acquis par la celebration de son mariage, s'il prend sa source dans le contrat même d'acquisition qui est censé fait également pour le mari & pour la femme, si c'est le fruit de leur collaboration commune, ce droit est donc de la même nature, de la même qualité que le droit de communauté admis dans les autres Coutumes, ou plutôt ce n'est qu'un veritable droit de communauté.

Il n'est pas à la verité aussi étendu que celui dont il est fait mention dans la Coutume de Paris & dans les autres Coutumes semblables ; mais ce n'eſt point l'étendue d'un droit qui decide de ſa nature , c'eſt ſon origine , ſa cauſe & ſon effet.

Son origine & ſa cauſe ſont les mêmes que celles du droit de communauté , puiſque la femme les tient également de la Loi , de ſa qualité de femme , de la celebration de ſon mariage , de ſa collaboration , de l'acquiſition faite pendant ſon mariage.

Son effet eſt pareillement le même , puiſqu'elle en devient également proprietaire pour moitié du moment même de l'acquiſition.

Cette Coutume ne lui donne à la verité cette moitié en proprieté que dans les conquêts faits en Bourgage ; elle n'a dans ceux faits hors Bourgage qu'un uſufruit plus ou moins étendu, ſuivant les differens Bailliages; mais elle ne prend pas moins part aux conquêts dans cette Coutume , comme dans une autre Coutume de communauté ; elle n'en eſt pas moins à cet égard en ſocieté , en communauté avec ſon mari.

Les droits plus ou moins étendus qu'un Aſſocié a dans une Societé , ou un commun dans une Communauté , n'en changent point la nature , n'empêchent point qu'ils ne ſoient en ſocieté , en communauté, que le droit qu'ils y ont l'un & l'autre , ne ſoit un droit de ſocieté , de communauté.

Il n'eſt donc pas vrai de dire , que la Coutume de Normandie exclue entre mari & femme toute eſpece de communauté ; elle n'admet point ſi l'on veut une communauté generale & indefinie ; mais elle en admet une particuliere pour les conquêts ; elle la limite , elle la modifie ; mais c'eſt toujours une ſorte de communauté , de la même qualité que les communautés qu'introduiſent les autres Coutumes.

Ainſi un ſeul mot arrêtera toujours tous ceux qui ſoutiennent l'opinion des Appellans , puiſqu'il ſuffira de leur demander à quel titre la femme prend part aux conquêts ? dès qu'il eſt évident par les diſpoſitions de la Coutume, que c'eſt à titre de femme , à titre de *part prenante* pour ſe ſervir de l'expreſſion de l'article 365. *par droit de conquêt* , comme porte l'article 404 , ce droit quoique moins étendu, eſt donc néceſſairement dans ſa perſonne de la même nature, de la même qualité que le droit de communauté dans les autres Coutumes.

C'eſt comme le droit de communauté , un droit attaché à ſa qualité de femme mariée ; c'eſt une capacité legale de prendre part aux conquêts qu'elle acquiert en ſe mariant, qui lui eſt communiquée comme le droit de communauté , dans le même moment que le titre de femme; c'eſt donc un droit préciſément de la même nature , de la même qualité; ſi l'on regarde le droit de communauté comme un droit perſonnel , c'eſt également un droit perſonnel ; ſi l'on veut l'enviſager comme un droit mixte, c'eſt également un droit mixte.

Ce premier point ne pouvant pas être conteſté , la conſequence eſt infiniment ſimple ; ſi le droit de communauté qu'une femme acquiert en ſe mariant , ne ſçauroit être détruit , ni même diminué par la tranſlation de domicile de ſon mari, ni par la ſituation des biens qu'il juge à propos d'acquerir , ſi la femme le porte partout , il en doit donc être de même du droit que donne la Coutume de Normandie à celle qui a été mariée ſous ſon empire.

Une

Une femme ne peut jamais perdre les droits qui lui font acquis par la celebration de fon mariage, & par fa qualité de femme mariée, elle les conferve en quelques lieux qu'elle aille.

Par la même raifon que fon mari ne peut l'avantager, il ne fçauroit alterer par quelque raifon & par quelqu'évement que ce foit, les droits qui lui ont été acquis lorfqu'elle s'eft unie avec lui.

La capacité que la Loi lui a imprimée en fe mariant, de prendre part aux conquêts, ne fçauroit lui être ôtée par le fait & par la volonté de fon mari; elle eft attachée à fa perfonne, elle la fuit, elle l'accompagne par confequent par-tout.

C'eft ainfi qu'une femme commune, ou par la ftipulation de fon contrat de mariage, ou par l'effet de la Coutume fous laquelle elle a été mariée, eft commune par-tout, & en quelques lieux que fon mari tranffere fon domicile, & faffe des acquifitions. Si elle eft mariée à Paris, elle fera commune en Pays de Droit Ecrit, & dans la Coutume même de Normandie; que fon mari y tranfporte fon domicile, qu'il y faffe des acquifitions, fes droits feront toujours les mêmes; c'eft ce qui eft établi par tous les Auteurs, par tous les Commentateurs de la Coutume de Normandie; les Appellans font forcés eux-mêmes d'en convenir.

Si le droit que la Coutume de Normandie donne à la femme mariée fur les conquêts, eft de la même nature que le droit de communauté, elle doit-donc également en faire ufage par-tout; il doit la fuivre dans quelque Coutume que fon mari transfere fon domicile où faffe des acquifitions, il ne doit point dépendre de lui de l'en priver; c'eft une capacité legale attachée à fa perfonne qu'elle doit porter dans toutes les Coutumes; que la Coutume de Normandie lui ait donné plus ou moins d'étendue, dès que c'eft toujours un droit de focieté & de communauté, par la même raifon qu'ayant été mariée dans une Coutume de communauté, elle feroit commune par-tout, elle doit donc auffi le conferver, le porter par-tout.

Si fon mari avoit fait des acquifitions dans une Coutume qui refufât à une femme mariée & commune le droit d'y prendre part, il y auroit peut-être quelque difficulté; encore pourroit-on dire, que de même que la femme mariée à Paris eft en droit de faire ufage de fa qualité de commune dans les Provinces mêmes qui n'admettent point la communauté, elle devroit y porter le droit que la Coutume fous laquelle elle a été mariée, lui a donné.

Mais que trouvant des conquêts dans une Coutume de communauté, on lui refufe le droit d'y prendre part, qu'elle a par la loi de fon mariage, & par les difpofitions des Coutumes qui les regiffent, c'eft ce que l'on ne peut jamais concevoir.

Dès qu'elle a par fon mariage le droit, la capacité de prendre part aux conquêts, il n'y auroit que la difpofition particuliere de la Coutume de leur fituation qui pourroit l'empêcher d'en faire ufage; dès que loin que cette Coutume l'en empêche, elle l'y autorife au contraire elle-même, on ne peut donc jamais l'empêcher d'y porter la capacité, le droit de focieté, de communauté, qu'elle a acquis en fe mariant.

Si quoique la Coutume de Normandie ne reconnoiffe point en general la Communauté, elle a droit de prendre part aux conquêts que

14

fon mari a faits dans l'étendue de cette Coutume, elle peut à plus forte raifon prendre part à ceux que fon mari a faits dans une Coutume de communauté, telle que celle de Paris.

Que la Coutume de Normandie ait limité la nature des conquêts dans lefquels elle devoit prendre part, elle n'en acquiert pas moins en fe mariant, la capacité d'y prendre part comme aux fruits de fa collaboration; cette capacité qui lui eft une fois acquife, n'en eft pas moins inalterable; il n'en eft pas moins certain que fon mari ne fçauroit jamais la lui faire perdre.

Il ne peut y avoir à ce fujet que deux partis à prendre, ou de ne lui donner dans les autres Coutumes que le même droit qu'elle auroit dans la Coutume de Normandie, ou en conféquence de fa capacité de prendre part aux conquêts, de lui donner dans les autres Coutumes les parts qu'elles lui permettent d'y prendre.

Mais il n'eft pas poffible de lui faire perdre un droit qui lui eft acquis par la celebration de fon mariage; il n'eft pas poffible que le fait perfonnel de fon mari l'anéantiffe.

Dès qu'elle a par elle-même & par la loi de fon mariage la capacité de prendre part aux conquêts, & qu'il eft indifpenfable de la lui conferver, il paroît tout naturel d'en déterminer l'ufage par les Coutumes de leur fituation, de ne lui donner lorfqu'ils font fituées en Normandie, que la part que la Coutume de Normandie lui permet d'y prendre, & lorfqu'ils font fitués à Paris ou dans d'autres Coutumes femblables, la part que ces Coutumes lui permettent d'y prendre.

On ne peut en tout cas jamais lui refufer d'y prendre part, du moins jufqu'à concurrence de ce qu'elle pourroit y prendre en Normandie, fans renverfer toutes les regles & la loi fous laquelle elle s'eft mariée.

S'il fe trouvoit des conquêts dans une Coutume de non communauté, ce feroit le cas de ne lui donner en vertu de fon contrat de mariage, que ce qu'elle auroit eu en Normandie; lorfqu'ils font fitués en Coutumes de communauté, elle doit naturellement y avoir la part que ces Coutumes lui permettent d'y prendre.

Les Appellans oppofent qu'une femme qui a été mariée fans ftipulation particuliere de communauté, uo dans une Coutume qui l'exclud, n'eft commune nulle part; ils en concluent qu'une femme mariée en Normandie, n'étant point commune, ne peut pas l'être à Paris, ni par conféquent y prendre une part aux conquêts que la Coutume de Paris ne donne qu'aux femmes communes.

Cette objection ne roule que fur une petition de principe; ils fuppofent que la femme mariée en Normandie eft abfolument exclufe de toute communauté, qu'elle n'acquiert en fe mariant aucune capacité de prendre part aux effets que fon mary peut acquerir pendant fon mariage; fi le contraire eft démontré par le texte même de la Coutume, fi le droit qu'elle donne à la femme fur les conquêts ne peut être envifagé que comme un droit de communauté, leur raifonnement tombe de lui-même. Tout ce qu'on peut prétendre de plus eft que la femme n'étant point commune indéfiniment, ne l'étant point par exemple pour le mobilier, ne peut pas apporter à Paris une qualité generale & abfolue de commune, & fur ce fondement participer au mobilier; mais ayant par la Coutume de Normandie la capacité de prendre part aux conquêts,

elle conserve necessairement à Paris cette même capacité. Il est indiffe-
rent que la Coutume de Normandie ne lui donne pas précisément le
nom de commune, dès qu'elle lui en attribue tous les effets ; que la
Coutume de Paris l'admette à participer aux conquêts comme commune, que celle de Normandie l'y admette comme femme, comme part
prenante, c'est toujours dans le fond la même chose ; ainsi dès qu'elle
a en elle-même une capacité de prendre part aux conquêts, qui ne
sçauroit lui être ôtée, qu'elle en trouve dans la Coutume de Paris, dans
laquelle on ne peut les refuser qu'aux femmes qui en sont incapables, ou
nommément exclues, rien ne peut l'empêcher d'y participer.

Prenez garde, dit-on, que le Statut qui admet la communauté, de
même que celui qui l'exclud, est un Statut personnel, qui a son effet
partout, au lieu que le Statut qui donne droit à la femme en Normandie, & sur certains conquêts, n'est qu'un Statut réel, dont l'effet est
limité dans l'étendue de son territoire.

Cette objection pose encore sur un faux principe. Le Statut qui donne
dans la Coutume de Normandie part à la femme dans les conquêts, est
un Statut de communauté moins étendu à la verité que le Statut des
autres Coutumes ; mais c'est toujours un Statut de communauté,
puisqu'il n'a à cet égard d'autre effet que d'introduire à ce sujet entre le
mary & la femme une communauté. Ce Statut est donc de la même
nature que le Statut de communauté ; ce n'est point un Statut purement
réel ; si le Statut de communauté est un Statut personnel, c'est aussi un
Statut personnel. Si on regarde le Statut de communauté comme un
Statut mixte, c'est aussi un Statut mixte.

Il faut distinguer le droit, la capacité de la femme de prendre part
aux conquêts faits pendant son mariage, & la portion qu'elle peut y
prendre : la distinction que la Coutume de Normandie fait de certains
conquêts, la part qu'elle y donne à la femme en proprieté ou en usufruit, peuvent être regardées comme réelles ; mais la societé, la communauté qu'elle établit entre le mary & la femme par rapport aux conquêts, la capacité qu'elle donne à la femme d'y prendre part, sont
personnelles ; ainsi le Statut peut être regardé comme mixte.

Mais sous quelque qualité qu'on l'envisage, un mary ne peut jamais
faire perdre à sa femme cette capacité, ce droit de societé & de
communauté : il ne doit pas dépendre de lui de le rendre illusoire en
transferant son domicile, ou en faisant des acquisitions dans une autre
Coutume : lorsqu'il a transferé son domicile, ou fait des acquisitions
dans une Coutume de communauté telle que celle de Paris, cette
capacité, ce droit de societé & de communauté acquiert au contraire
plus de force, puisque l'exercice ne s'en trouve gêné par aucune
disposition de la Coutume qui les regit.

Il n'y a, dit-on, de Statuts personnels que ceux qui ont leurs effets
partout, & sur tout de la même maniere, *primario, principaliter &*
universaliter, comme dit d'Argentré ; le Statut de la communauté est
de cette espece, il s'étend generalement sur tous les biens. Le droit
que la Coutume de Normandie donne à la femme sur les conquêts n'a
point cet effet universel, puisqu'il est borné à une espece de biens. Ce
ne peut donc pas être un Statut personnel.

On ne trouve cette regle, qu'un Statut perſonnel doit avoir ſon effet partout, univerſellement & uniformément dans aucune Loy ; on ne l'a fondé que ſur ce que d'Argentré s'eſt ſervi de ce terme *d'univerſaliter* ; mais il ne paroît pas qu'il l'ait entendu dans le ſens qu'on voudroit lui donner. Son autorité en tout cas ne pourroit pas en faire une Loy.

Les Statuts perſonnels ſont naturellement ceux qui regardent la perſonne, *quæ perſonam afficiunt*, qui lui donnent quelque qualité, quelque capacité, quelque aptitude, quelque permiſſion, quelques avantages, *quæ eam hablitant ad actus varios, quando de ejus Statu diſpo-nitur, ſive ei aliquid addatur, ſive detrahatur, ſive permittatur* ; les Statuts réels ſont au contraire ceux *quæ rem afficiunt*.

Il eſt vrai que comme il n'y a preſque point de Statuts qui ne regar-dent en même-tems la perſonne & les biens, on ne donne cette qualité de Statuts perſonnels qu'à ceux *quæ perſonam afficiunt primario & princi-paliter*, & celle de Statuts réels à ceux *quæ rem afficiunt primario & principaliter* ; on les juge perſonnels ou réels ſuivant que la perſonnalité ou la réalité y prédomine, *illi generi ſunt annumeranda quod in iis prædo-minatur* ; on les regarde comme perſonnels, *cum principaliter de perſo-narum jure, conditione & qualitate ſtatuitur*.

D'Argentré n'a pas voulu dire autre choſe, lorſqu'il a dit que le Statut perſonnel étoit celui qui affectoit la perſonne, *primario & univer-ſaliter abſtracte ab omni materia reali* ; il ne faut pas même prendre ces expreſſions à la lettre, puiſque ſi cela étoit, il n'y auroit point de Statuts perſonnels. *Donnez-vous la peine*, dit Mᵉ Froland, *d'examiner quel a été l'eſprit de nos Docteurs quand ils ont dit que le Statut perſonnel étoit celui qui regardoit la perſonne, primario & univerſaliter abſtracte ab omni materia reali, & vous trouverez que leur deſſein n'a pas été de faire abſolument dépendre cette qualité de l'état univerſel de la perſonne, & de la refuſer aux Sta-tuts qui ne s'étendent pas ſi loin, & qui dans leurs diſpoſitions ſe contentent d'envi-ſager la perſonne, comme leur premier & principal objet, ſa condition, ſon pouvoir & ſa capacité, pour agir indépendamment de la choſe : ce mot univerſaliter a deux ſignifications ; il eſt vrai qu'il peut s'entendre de l'état univerſel de la perſonne ; mais il eſt véritable auſſi qu'il peut s'appliquer au Statut par lequel il paroît que le légiſlateur a jetté ſes premieres vûes ſur la perſonne, pour fixer ſon état, ſa condition, ſon pouvoir, ſans faire aucune attention aux biens ; ſi pour rendre un Statut perſonnel il falloit neceſſairement qu'il concernât l'état univerſel de la perſonne, il y en a grand nombre à qui tous nos Auteurs & toutes les déciſions de nos Cours ont donné cette qualité, qui ſeroient forcés de l'abandonner*. Il cite pour exemple le Statut du *Senatus Conſulte Velleien*, ceux qui défendent de vendre ou aliener ſes biens, à la femme ſans l'autorité de ſon mary, & au mineur avant vingt-cinq ans, qui ont toujours été regardés comme des Statuts perſonnels, quoiqu'ils n'ayent point leur effet univerſelle-ment.

L'idée des Appellans qu'il faut du moins que le Statut perſonnel ait ſon effet univerſellement & uniformément ſur tous les biens relative-ment à la matiere pour laquelle il regit la perſonne, n'eſt pas mieux fondée ; c'eſt un ſyſtême imaginé pour ſoutenir leur défenſe, & qui n'eſt appuyé ſur aucune raiſon : il ſuffit pour être perſonnel, qu'un Sta-tut ait la perſonne pour principal objet, qu'il la regarde *primario &*

principaliter

principaliter, qu'il lui attribue quelque capacité, quelque qualité, quelque droit de focieté ou de communauté.

Le Statut de la majorité n'eft pas moins un Statut perfonnel, quoique l'époque en foit fixée differemment par les Coutumes ; celui qui défend aux mineurs d'aliener leurs immeubles avant vingt-cinq ans, n'eft pas moins un Statut perfonnel, quoique dans plufieurs Coutumes les mineurs puiffent difpofer à vingt ans de leurs acquêts par Teftament, & même du quint de leurs propres, s'ils n'ont ni meubles & acquêts.

Le Statut de la garde eft certainement un Statut perfonnel, puifque c'eft la perfonne du mineur qui tombe en garde, l'adminiftration de fes biens n'en eft qu'un acceffoire, & c'eft en effet la Coutume qui regit la perfonne du mineur, qui doit decider s'il y a lieu ou non à la garde ; il n'a point cependant fon effet univerfellement & uniformément fur tous les biens, puifque ceux qui font fitués dans des Coutumes qui ne reconnoiffent pas la garde, n'y font pas fujets, que dans celles mêmes qui la reconnoiffent, il y en plufieurs dans lefquelles il n'y a que les fiefs qui tombent en garde, les rotures en font exceptées, telles que dans celles de Meaux, Chauny & Vermandois.

Quoique la communauté foit, de l'aveu des Appellans, un Statut perfonnel, on la modifie tous les jours, on en reduit l'effet à de certains biens, à une certaine fomme ; ce n'en eft pas moins cependant un Statut perfonnel.

Les immeubles qui ont été donnés dans la Coutume de Paris, à condition qu'ils feront propres au donataire, n'entrent point en communauté ; il en eft de même dans d'autres Coutumes de ceux qui ont été donnés en confideration ou en contemplation d'un des conjoints ; la communauté, quoique Statut perfonnel, n'a pas par confequent fon effet univerfellement & uniformément fur tous les biens.

L'article 239. de la Coutume de Rheims declare la femme non commune ; l'article 240. lui laiffe cependant l'option de partager avec les heritiers de fon mari les meubles & conquêts, ou de fe tenir à ce qu'elle a apporté, ou à fon douaire, ou à l'ordonnance teftamentaire de fon mari ; quoique ce Statut foit un Statut fingulier, c'eft cependant un Statut perfonnel.

Quoique l'article 8. du titre 7. de la Coutume de Cambray admette la communauté, il n'y a que les meubles & les conquêts roturiers qui foient compris dans cette difpofition ; les fiefs en font nommément exceptés, fuivant l'article premier du titre premier ; la communauté n'a pas par confequent dans cette Coutume un effet univerfel & uniforme ; c'eft cependant un Statut perfonnel ; la Coutume ne donne pas à la femme une recompenfe de mi-denier, comme les Appellans le fuppofent ; quand elle la lui donneroit, il n'en feroit pas moins vrai que la communauté, quoique Statut perfonnel, n'auroit pas un effet univerfel & uniforme.

Ce pretendu principe de l'univerfalité des effets du Statut perfonnel fur lequel roule tout leur fyftême, n'eft donc qu'une pure fubtilité qui ne merite aucune confideration.

E

La Coutume de Normandie a , dit-on, des uſages locaux qui changent dans certains Bailliages la diſpoſition de l'article 329. la femme ne partage pas par tout, même dans les conquêts en Bourgage ; la diſpoſition de cet article ne forme donc qu'un Statut réel & particulier.

Ces uſages locaux forment des Loix particulieres, renfermées dans leur territoire ; mais le droit établi par la Coutume en faveur des femmes, n'en eſt pas moins un droit general qui regle ſa capacité de prendre part aux conquêts, la ſocieté, la communauté qu'elle a à cet égard avec ſon mari ; ſi ce droit ne peut être qu'un droit perſonnel, s'il eſt évidemment de la même nature que le droit de communauté introduit avec plus d'étendue dans les autres Coutumes, ces uſages locaux & particuliers, ne ſçauroient en changer la nature.

Il faut, comme on l'a dit, diſtinguer le droit general qu'a la femme de prendre part aux conquêts, la capacité que la Coutume lui attribue à cet effet, & l'uſage qu'elle en peut faire relativement à certains biens.

Quoiqu'elle ne ſoit point en communauté abſolue, la Coutume la declare capable de participer aux conquêts ; cette capacité eſt un Statut perſonnel qui la ſuit partout, & qui la met en état de prendre dans la Coutume generale de Normandie, dans chaque Bailliage particulier, & dans toute autre Coutume où ſon mary a fait des acquiſitions, la part que ces Coutumes ou les uſages locaux de ces Bailliages lui permettent d'y prendre.

Quoique les conjoints ne puiſſent point s'avantager, le mari eſt, dit-on, le maître du ſort de ſa femme par rapport aux acquiſitions qu'il peut faire pendant ſon mariage ; il peut acquerir des biens en Pays de Droit écrit, ou dans des Provinces qui permettent les avantages entre conjoints ; il peut en acquerir en Normandie, en Bourgage ou hors Bourgage ; il peut à plus forte raiſon en acquerir dans d'autres Coutumes.

Cette liberté qu'a le mari d'acquerir des biens dans differentes Coutumes, l'inegalité qui peut en reſulter, la faculté même que les conjoints peuvent ſe procurer par-là de s'avantager contre la loi de leur domicile, ſont autant d'inconveniens qu'on ne peut éviter, parce qu'ils naiſſent des differentes diſpoſitions des Coutumes, mais qu'il ne faut pas porter trop loin.

Il ſeroit certainement à ſouhaiter que toutes les diſpoſitions des Coutumes fuſſent uniformes ; ſi parce qu'elles ne le ſont pas, un mari peut acquerir quelques biens ſur leſquels la femme n'ait pas autant de droit que ſur les autres, s'il peut en acquerir qu'il lui ſoit permis de lui donner, il ne s'enſuit qu'il puiſſe par une tranſlation de domicile, ou en plaçant toutes ſes acquiſitions dans une autre Coutume, la priver du droit que la loi ſous laquelle elle a été mariée lui a donné ſur les conquêts.

Si un mari Normand peut acquerir en Normandie des biens ſitués hors Bourgage, il ne s'enſuit pas qu'il puiſſe en transferant ſon domicile à Paris, ou en y plaçant toutes ſes acquiſitions, exclure totalement ſa femme de tous ſes conquêts ; une idée auſſi injuſte n'a jamais pû entrer dans l'esprit des Redacteurs de la Coutume de Normandie.

Le droit que cette Coutume donne à la femme, est, comme le porte l'article 404. un droit de conquêt, c'est un veritable droit de societé, de communauté à cet égard ; c'est par consequent un droit personnel, dont la femme peut faire usage dans toutes les Coutumes, & sur tout dans toutes celles qui admettent la communauté ; il est vrai qu'elle n'y peut prendre que les portions que chacune de ces Coutumes donne à la femme commune ; mais dès qu'elle est habile par elle-même & par la loi de son mariage à prendre part aux conquêts, rien ne peut l'empêcher de reclamer la part que chacune de ces Coutumes lui permet d'y prendre, & il ne peut jamais dépendre de son mari de rendre illusoire, un droit qu'elle a acquis en s'unissant avec lui.

Les Appellans remarquent que l'article 329. se trouve dans la Coutume de Normandie, sous le titre des Successions ; ils voudroient insinuer qu'il n'en resulte en faveur de la femme qu'une espece de droit de succession ; si c'est, disent-ils, un droit de societé, ce n'est point en tout cas une societé generale & universelle.

Il y a peu de Coutumes dans lesquelles il n'y ait des articles mal rangés & deplacés ; on en trouveroit encore plus dans la Coutume de Normandie que dans toute autre ; l'article 389. qui paroit rejetter la communauté, les articles 390. 391. 392. 393. 394. qui parlent du droit de la femme sur les meubles, sont sous le titre du Douaire ; les articles 365. & 366. pour la dot de la femme, sont sous le titre des Partages d'heritages ; l'article 330. qui défend les avantages entre conjoints, est sous le titre des Successions collaterales ; les articles 308. 309. 318. 319. 321. 322. 324. 325 qui regardent la succession directe, sont sous ce même titre ; il n'est pas étonnant qu'on y ait placé les 329. 331. 332. 333. qui concernent les droits de la femme sur les conquêts ; il n'y a pas un des titres de cette Coutume sur lequel on ne pût faire la même critique.

Toutes ces differentes idées ne peuvent donc rien déranger au moyen que les Intimées tirent du texte de cette Coutume, de la nature du droit qu'elle donne à la femme sur les conquêts pour prouver qu'il n'est pas possible qu'une femme mariée dans cette Coutume, en soit privée, parce que son mari aura transferé son domicile & fait des acquisitions dans la Coutume de Paris.

L'on a ajouté que c'étoit le sentiment des Auteurs qui avoient examiné la question & la Jurisprudence des Arrêts.

Second Moyen tiré du sentiment des Auteurs.

Berault & *Pesnelle* ne l'ont pas à la verité traitée expressément, mais la façon dont ils se sont expliqués sur l'article 329. au sujet de ce droit de la femme sur les conquêts, fait assez sentir ce qu'ils en pensoient. Berault examine si c'est un droit de societé ou de succession ; non-seulement il cite un ancien Arrêt de 1537. qui a jugé que quoique la femme eût renoncé à la succession de son mari, ses heritiers pouvoient reclamer la part qu'elle avoit eue dans les conquêts ; il remarque que cette part que la femme prend dans les conquêts, ne forme qu'un acquêt dans sa personne, ce qui prouve qu'elle ne l'a point par droit de succession. Après avoir rapporté les raisons qu'on peut alleguer de part & d'autre, il conclud même en ces termes : *Il faut donc dire que combien que regulierement en Normandie, il n'y ait societé entre le mari & la femme, la Coutume néanmoins en introduit quelque espece sous certaines limitations, toutes fois comme par un benefice de la loi & ancien établissement en confideration de la peine & vigilance qu'elle contribue à l'acquisition de ce bien; de sorte que par la mort de l'un des conjoints, la moitié de ces conquêts est transferée à la femme ou ses heritiers ;* ce qu'il appuye sur l'ancien usage de la France de donner aux femmes au moins la tierce partie des biens acquis pendant leur mariage. *Sic in Legis Franciæ* Livre 3. chapitre 9. *Volumus, inquit, ut uxores defunctorum post obitum maritorum tertiam partem collaborationis quam simul in beneficio collaboraverunt accipiant.*

Pefnelle commence par dire que *ce droit de conquêt est attribué à la femme en consequence de la societé qui est établie par le mariage, & qui fait presumer que la femme a contribué par ses soins, par son assistance & par son économie à l'augmentation des biens du mari.* Il observe que si la Coutume de Normandie rejette la communauté, ce n'est que par rapport aux effets qu'elle produit dans la plûpart des Coutumes dans lesquelles la femme a un droit general sur tous les meubles & effets que laisse son mari, ce qui n'est pas reçu en Normandie ; mais que *quant aux conquêts, on ne peut pas dire qu'ils appartiennent à la femme par un droit d'heredité, puisqu'elle prémourante, le mari n'est plus le maître des conquêts faits en Bourgage, & au Bailliage de Gisors, dont la moitié appartient proprietairement aux heritiers de la femme, le mari n'en ayant que l'usufruit par l'article* 331. *il faut donc conclure,* dit-il, *que le droit de conquêt est attribué à la femme en consequence de la societé conjugale qui la rend participante des biens qui sont acquis pendant que cette societé subsiste.*

Sur l'article 329. *Basnage* qui est sans difficulté celui des Commentateurs de la Coutume de Normandie qui en a mieux connu l'esprit, & qui a le plus approfondi les difficultés qui pouvoient y avoir rapport a examiné la question *ex professo* relativement à un Arrêt rendu le 30 Juillet 1671. dans une cause dans laquelle il plaidoit.

Charles Martel domicilié à Alençon, avoit acquis pendant son mariage avec *Marie le Pelletier* plusieurs rentes affectées sur des biens situés dans la Coutume de Châteauneuf en Thimerais ; il s'agissoit de sçavoir, si les heritiers de Marie le Pelletier devoient être admis au partage de ces rentes; ce qui faisoit naître la difficulté est que, suivant les principes de la Coutume de Normandie, les rentes ne s'y reglent point comme à Paris par la loi du domicile du créancier, elles suivent au contraire la loi du domicile du débiteur & de la situation des biens sur lesquels elles sont affectées: on prétendoit que ces rentes devant, suivant ce principe, se regir par la Coutume de Châteauneuf en Thimarais, & la femme ne pouvant rien prétendre dans cette Coutume sur les conquêts faits par son mari qu'à titre de commune, les heritiers de Marie le Pelletier en devoient être exclus, parce que, suivant la Coutume de Normandie, suivant laquelle elle avoit été mariée, elle n'étoit point commune, & que quoique par l'usage local de la Châtellenie d'Alençon la femme eût la moitié des acquêts, ses heritiers n'en avoient pas plus de droit,

parce

parce que cet usage local n'étoit qu'un Statut réel, qu'ils ne pouvoient pas étendre à la Coutume de Châteauneuf; Basnage fit voir *que Marie le Pelletier n'avoit pas besoin de la communauté ni de l'usage local d'Alençon pour prendre part aux acquêts, parce qu'elle lui appartenoit en vertu du droit general & certain de la Province, & qu'en quelque lieu que son mari eût son domicile en Normandie, sa femme pouvoit avoir moitié aux acquêts faits en tous les lieux où la communauté avoit lieu; qu'il étoit bien vrai que la communauté n'étoit pas reçue en Normandie entre le mari & la femme, quoique cependant il y eût une espece de communauté qui en donnoit à la femme presque tous les avantages, mais qu'il suffisoit que la femme fût capable de prendre part aux acquêts, suivant la Coutume des lieux où ils étoient situés.... qu'il falloit considerer d'abord si la femme étoit capable de prendre part à ces acquêts; que si elle étoit incapable d'y prendre part, elle ne pouvoit y rien avoir en quelque lieu que les débiteurs des rentes fussent situés; mais que si elle étoit capable d'y prendre part, elle devoit y participer en quelque lieu que ce fût; que puisque quand les acquêts étoient situés en Bourgage ou dans le Bailliage de Gisors, la femme y avoit la moitié, elle devoit y avoir la même part lorsque les biens étoient situés dans les lieux où les femmes avoient pareillement la moitié; que la question avoit été jugée de la sorte en 1653.* & l'Arrêt la jugea encore en effet encore de même.

De cette question il passe à celle de sçavoir, *si des personnes mariées & domiciliées en Normandie, ayant acquis des maisons à Paris, la femme peut y prendre part;* il dit que plusieurs Avocats avoient été d'avis qu'elle n'y pouvoit rien avoir, parce qu'elle n'étoit pas commune; mais il s'éleve contre ce sentiment comme contraire au veritable esprit de la Coutume de Normandie. *Cela me paroîtroit raisonnable, dit-il, si en Normandie la femme n'étoit pas capable de prendre part aux acquêts faits par le mari constant le mariage, ce qui fait une espece de communauté. Par la Coutume de Normandie, les femmes prennent part aux conquêts, & même en proprieté en plusieurs lieux; pourquoi seroient-elles exclues d'avoir la moitié des acquêts faits en une autre Coutume, quoique par cette Coutume elle n'y soient admises qu'en vertu de la communauté, puisque par là loi du domicile où le mariage a été contracté, la femme encore qu'elle ne soit pas commune, ne laisse pas d'avoir la moitié aux acquêts lorsqu'ils sont en Bourage ou dans le Bailliage de Gisors? Le droit que la Coutume donne à la femme aux acquêts équipole à une communauté; en rétablissant cette maxime que les droits de la femme se reglent par la Coutume du lieu où le mariage a été contracté, il suffit que la femme en Normandie ait un titre & une qualité autre que celle de commune pour avoir part aux acquêts faits dans la Coutume de Paris.*

Les Appellans sont forcés de convenir que cet Auteur est decisif contr'eux, que son sentiment est même de donner à la femme en conséquence de la capacité qu'elle a de prendre part aux conquêts, tout le droit que les Coutumes dans lesquelles les biens sont situés lui permettent d'y prendre, sans la restraindre aux biens qui peuvent représenter les conquêts en Bourgage dont parle la Coutume de Normandie.

Lebrun a embrassé le même sentiment; les Appellans disent qu'il à été entraîné par l'avis de Basnage; mais la réunion de deux Auteurs aussi celebres n'en rend leur suffrage que plus décisif. Les raisons qu'il donne

Traité de la Communauté, Livre 1^r, chapitre 1^r. n. 6.

F

de son opinion, prouvent d'ailleurs qu'il a examiné la question, & qu'il s'est déterminé par lui-même : *on ne peut disconvenir , dit-il, qu'il n'y ait une espece de communauté dans ce droit de succession établi par la Coutume de Normandie ; car en premier lieu , l'article 329. qui donne à la femme en pleine propriété la moitié des conquêts faits en Bourgage, use de ce mot de conquêt qui tient beaucoup du droit de communauté ; le 330. use du même terme. En second lieu , dans l'usage cette moitié de conquêt se donne non-seulement à la femme qui survit , mais à ses heritiers quand elle prédécede. En troisiéme lieu , par l'article 332. cette moitié de conquêt se donne à la femme nonobstant la confiscation du mari ; ce qui détruit entierement le droit de succession , & n'en laisse que le terme. En quatriéme lieu , les meubles échus à la femme pendant le mariage, n'appartiennent au mari qu'à la charge d'en employer moitié au profit de la femme : c'est la disposition de l'article 390. En cinquiéme & dernier lieu, l'on juge dans cette Province que les Normands faisant des conquêts dans les autres Coutumes, quoiqu'ils y ayent été mariés, la femme y a moitié comme capable de ce partage par moitié , aux termes même de la Coutume de Normandie.*

Tome 1er de ses Memoires concernant la nature & qualité des Statuts, chapitre 4. page 358. & suivantes.

Me Froland très-instruit des principes de la Coutume de Normandie, a discuté cette même question avec beaucoup d'étendue ; il rapporte tout ce que l'on peut dire de part & d'autre , il examiné tous les Arrêts : il est vrai même qu'il est d'avis que la femme ne doit avoir dans les conquêts regis par la Coutume de Paris que la part qu'elle auroit eue, si son mari avoit fait ses acquisitions en Normandie ; mais il n'en est pas moins constant que la question débatue, pesée & examinée , il l'a décide absolument en faveur de la femme

Page 369.

& de ses heritiers : il atteste qu'il a faitadopter cet avis à *Mes Braquet, Arrault, du Cornet, Vezin, Daramond & Duhamel.* Il propose même à

Page 365.

ce sujet une reflexion qui merite d'être relevée : *Si la femme mariée à Paris ou sous une pareille Coutume, peut, dit-il, en consequence de la convention portée par son Contrat de mariage , avoir part en qualité de commune dans les meubles & conquêts de Normandie , où l'on veut que la communauté de biens soit défendue, & où elle & son mari sont venus s'établir , par quelle raison la femme mariée en Normandie , suivant la Coutume de cette Province , & avec soumission entiere à ses dispositions , ne pourroit-elle pas demander part dans les meubles & conquêts de Paris où son époux est venu demeurer.*

Dans ses Dissertations sur les Questions qui naissent de la contrarieté des Loix & des Coutumes , Question 6. page 119.

Me Boullenois après avoir pareillement discuté la question, a encore adopté le même sentiment ; il regarde même le droit que la Coutume de Normandie donne à la femme sur les conquêts, comme une espece de convention legale qui fait partie des conditions de son Contrat de mariage, & dont il ne doit point être permis à son mari de la priver en changeant de domicile, ou en faisant des acquisitions dans une autre Coutume ; & cette idée merite d'autant plus de consideration, que l'on voit que dans presque tous les Contrats de mariage passés en Normandie, l'on a grand soin de reserver à la femme par une stipulation expresse les droits qui lui sont attribués par la Coutume : c'est entr'autres ce qui se trouve dans le Contrat de mariage de la Dame Vaubert, à la fin duquel se trouvent ces termes : *Sans préjudice des autres droits à elle attribués par la Coutume de Normandie, sans lesquelles conditions le mariage n'auroit été fait & accompli.*

Me Routier qui vient de donner au Public en 1742. un nouveau Recueil des Principes generaux de la Coutume de Normandie, établit encore la même maxime : *Quand les conjoints sont mariés & domiciliés en Normandie, la femme a la même part aux conquêts faits à Paris, qu'elle auroit en Normandie.* Page 170.

Enfin, la question ayant été examinée à la Bibliotheque des Avocats, toutes les raisons de part & d'autre ayant été pesées, elle y a été décidée de la même maniere.

La Consultation qui en a été redigée est la quarante-uniéme de celles qui ont été imprimées dans le second Volume du nouveau Recueil des Oeuvres de Dupleffis ; on y a même discuté la question subsidiaire de sçavoir, si la femme ne devoit avoir dans la Coutume de Paris que sa part des biens qui pouvoient representer les conquêts en Bourgage dont parle la Coutume de Normandie, ou si étant en societé, en communauté avec son mari par rapport aux conquêts, elle avoit droit en consequence de cette societé d'y prendre la part entiere que la Coutume de Paris donne aux femmes sur les conquêts, & après l'avoir examinée, elle a été décidée conformément à l'avis de Basnage & de Lebrun, en distinguant avec ces Auteurs la capacité de prendre part aux conquêts que la femme tenoit de la Coutume de Normandie, sous la loi de laquelle elle avoit été mariée, & qu'elle portoit par-tout, & la maniere de partager ces conquêts, ou la limitation de la portion qui lui en devoit revenir, sur laquelle il falloit suivre la disposition de la Coutume de Paris quand les biens y étoient situés, de même que l'on suivoit en Normandie les usages locaux, lorsqu'ils regissoient les biens que le mari avoit acquis. Page 257.

Les Appellans disent que ces prétendues Consultations ne sont autre chose que le resultat des Conferences qui se tenoient à la Bibliotheque entre les jeunes Avocats, qu'il a été facile à Me Froland qui y assistoit de subjuguer des Commençans encore trop foibles pour s'hazarder à le contredire.

On est étonné qu'on parle de cette façon de ces Conferences ; personne n'ignore que M. le Procureur General ou un de Mrs les Avocats Generaux y assistoient, qu'à leur défaut il y avoit toujours le Bâtonnier ; que les Avocats les plus distingués & les plus consommés se faisoient un devoir de s'y trouver ; que les questions y étoient examinées avec le plus grand scrupule ; que souvent même on les envoyoit auparavant dans les bancs, afin que chacun pût s'y preparer ; on ne choisissoit pour les rediger que ceux dont on avoit éprouvé la capacité, qui faisoient même la lecture de leur redaction dans une autre Assemblée.

Celle dont il s'agit qui est du 28 Juillet 1714. a été redigée par Me Pageau ; l'on peut dire qu'il ne faut que la lire pour connoître qu'il y a donné tout le soin & toute l'attention que la question meritoit ; la décision qui y est contenue est donc l'ouvrage d'une reflexion consommée, & de ce qu'il y avoit lors de meilleurs Jurisconsultes.

Si l'on l'a joint à l'avis de Basnage, de Lebrun, de Mrs Froland ;

Boullenois & Routier, le fentiment general des Auteurs & des Jurif-confultes fur cette queftion ne fçauroit donc être équivoque.

Les Appellans n'ont pû citer en leur faveur que Godefroy fur l'article 329. mais cet Auteur n'y examine feulement pas la queftion ; il veut que le droit que cet article donne à la femme fur les conquêts, ne foit qu'un droit de fucceffion, quoique cette idée condamnée par tous les autres Auteurs foit invinciblement détruite par l'article 331. qui repute formellement la femme proprietaire de fa moitié, même quand elle décederoit avant fon mari. S'il décide que deux Bordellois ayant acquis pendant leur mariage une maifon à Rouen, la femme doit aux termes de cet article y avoir fa part, il en refulte que quand il feroit vrai que la Coutume de Normandie ne reconnoîtroit , de même que le Pays de Droit Écrit, aucune forte de communauté, il n'en faudroit pas moins admettre la femme au partage des conquêts que deux conjoints Normands auroient acquis dans la Coutume de Paris ; ce qui eft encore plus contre les Appellans que ce qu'ont propofé tous les autres Auteurs : il n'eft pas poffible en tout cas qu'une autorité auffi foible foit mife en paralelle avec celles qu'on vient de rapporter.

La Jurifprudence des Arrêts y eft abfolument conforme.

Sur l'article 329. Le premier, eft celui de 1537. dont parle Berault, qui a jugé que le droit de la femme fur les conquêts étoit un droit de focieté, & non un droit de fucceffion.

Idem. Le fecond, eft l'Arrêt d'Incarville du 4 Juin 1603. rapporté par le même Auteur, qui a donné à fa veuve la moitié de plufieurs rentes conftituées fur les Greniers à Sel du Royaume, quoique par le principe particulier que l'on fuit en Normandie de regler les rentes par la Coutume qui regit le débiteur & fes biens, ces rentes ne puffent pas être regardées comme un bien Normand.

Page 384. Le troifiéme, du 19 Juillet 1642. cité par Me Froland, a jugé qu'une femme mariée en Normandie devoit avoir la moitié de la Terre de Boifoche, que fon mari avoit acquife pendant fon mariage dans la Coutume du Maine : quoique Me Froland dife que l'Arrêt n'indique point avec affez de netteté les circonftances de cette affaire, il convient qu'on l'a toujours regardé comme ayant décidé la queftion en faveur de la femme.

Sur l'article 329. Le quatriéme, de l'année 1653. eft cité par Bafnage ; il a jugé comme celui de 1603. qu'une femme devoit partager dans des rentes, quoi-qu'elles ne fuffent point regies par la Coutume de Normandie.

Idem. Le cinquiéme, du 30 Juillet 1671. cité par le même Auteur, a encore plus expreffément décidé la queftion.

C'eft une erreur de dire, comme font les Appellans, que les rentes ne fe reglent en Normandie par la Loi fous laquelle font fitués les biens qui y font affeétés, que quand le créancier, le débiteur & les biens font en Normandie : il eft vrai que Me Froland en a voulu faire la difficulté ; mais il n'y a qu'à confulter Bafnage, & l'on verra que le principe de juger des rentes par la Loi de la fituation des biens des débiteurs fur lefquels elles font affeétées, eft general en Normandie, & en quelque lieux que ces biens foient fitués : Voici fes termes fur
l'article

l'article 513. *en Normandie le partage des rentes ne se regle point ni par le domicile du créancier, ni par celui du débiteur, ni par le lieu où le contrat a été passé, mais par la Coutume du lieu où les biens du débiteur sont situés ; cet usage est fondé sur ce qu'autrefois l'on croyoit que la constitution d'une rente en deniers ne pouvoit valoir, si l'on n'y affectoit spécialement quelques fonds, ou au moins que celui qui s'obligeoit, ne possedât quelques heritages.*

Il seroit absurde d'imaginer qu'une rente se reglât par Loi de la situation des biens, lorsqu'ils se trouveroient placés dans un des Bailliages de Normandie, & par la Loi du domicile du créancier lorsque les biens du débiteur seroient situés hors de la Province ; une variation aussi peu raisonnable ne tombera sous l'esprit de personne : Basnage remarque sur le même article que l'ancienne Jurisprudence du Parlement de Paris étoit de même de suivre pour le partage des rentes la Coutume des heritages obligés, sur-tout lorsque l'hipotheque étoit speciale : que l'on ait changé à Paris de Jurisprudence, il n'en est pas moins évident qu'on a conservé en Normandie cet ancien usage.

C'est aussi ce qu'il atteste sur l'article 329. avoir été jugé en la Cour par un Arrêt du 8 Mars 1667. dans la succession de *M. de Lesseville, Evêque de Coutances,* dont le domicile fut jugé en son Evêché, & les meubles & rentes constituées en Normandie reglés par la Loi de cette Province ; celles dûes par des débiteurs demeurans à Paris jugées au contraire partagables suivant la Coutume de Paris.

Cet Arrêt est rapporté au troisiéme Volume du Journal des Audiences, Livre Ier. chapitre 17.

C'est aussi sur ce principe que rouloit la contestation que l'Arrêt du 30 Juillet 1671. lors duquel il plaidoit, a jugée en faveur de *Marie le Pelletier;* puisque si les rentes dontil s'agissoit n'avoient pas été partageables suivant la Coutume de Châteauneuf où les débiteurs & leurs biens étoient situés, il n'y auroit eu aucun doute d'en donner leur part à ses heritiers ; ce n'étoit que sur le fondement que devant se regler par la Coutume de Châteauneuf, ses heritiers ne pouvoient y prendre part qu'en vertu de la communauté, & qu'il n'y en avoit point en Normandie où demeuroient les conjoints qu'on prétendoit les en exclure ; l'Arrêt les ayant admis au partage de ces rentes, a donc jugé aussi-bien que ceux de 1603. & 1653. que quoiqu'il n'y eût point de communauté en Normandie, la Coutume admettant la femme en partage des conquêts faits en Bourgage, établissant entr'elle & son mari une sorte de societé à cet égard ; elle étoit en droit d'en faire usage, & de partager dans les conquêts que son mari pouvoit faire dans une Coutume de communauté.

Le sixiéme Arrêt qui est encore cité par Basnage sur le même article 329. a été rendu en la Cour le 22 Juin 1683. en la Chambre même où les Parties ont l'honneur de proceder.

Le sieur *Servien, Receveur General des Finances de Rouen,* avoit été marié en Normandie : étant venu depuis son mariage s'établir à Paris, il y avoit été Tresorier des parties casuelles, & y avoit fait de grandes acquisitions. Le sieur *Servien de Montigny* son fils en reclamoit la moitié du chef de sa mere ; les creanciers de son pere s'y opposoient sur le pretexte que les Sieur & Dame Servien ayant été mariés en Normandie, il n'y avoit point eu entr'eux de communauté, & que ce n'étoit cependant qu'en vertu de la communauté qu'une femme pouvoit prendre part à Paris dans les conquêts. Le fieur de Montigny foutenoit que la difpofition de la Coutume de Normandie, qui donnoit part à la femme dans les conquêts, l'autorifoit & fes heritiers à prendre le même droit fur les biens acquis dans une autre Coutume où la femme étoit habile à y prendre part. La Cour le décida de cette façon. Il eft vrai qu'il y avoit une claufe dans le contrat de mariage, par laquelle le fieur Servien avoit promis à fa femme une part dans les meubles & conquêts, telle qu'elle pouvoit lui appartenir par la Coutume ; mais cette claufe, relative à la difpofition de la Coutume, ne lui donnoit pas plus de droit que la Coutume même, & ne pouvoit avoir plus de force que la referve qui fe trouve dans le contrat de la Dame Vaubert, *fans préjudice des autres droits à elle attribués par la Coutume de Normandie, fans lefquelles conditions le mariage n'auroit été fait ni accompli ;* ainfi fi cette claufe a pû faire impreffion lors de cet Arrêt, cette referve doit mériter autant d'égard ; s'il a jugé la queftion de droit en elle-même, il eft également décifif en faveur des Intimés.

Page 373. Me Froland attefte que la même queftion a été décidée le 26 Decembre 1683. en faveur *de la Dame de Roncherolles* par Mrs *Marie, de Lhommeau & Verrier*, anciens Avocats, que les Parties avoient choifis pour Arbitres : il remarque que la Dame de Roncherolles avoit en fa faveur *une Confultation de douze Avocats du Parlement de Rouen*, & que Me Verrier eftima dans fon avis dont il a entre les mains une copie, *qu'il n'y avoit pas grande difference à faire par rapport à la communauté de biens entre la Coutume de Normandie & celles de Paris & de Senlis*, (où étoient fitués les conquêts dans lefquels la Dame de Roncherolles demandoit à partager.) *Qu'à bien confiderer les chofes, celle de Normandie n'étoit point prohibitive de communauté, qu'elle ne differoit des deux autres qu'en ce qu'elle donnoit à la femme part dans les conquêts & les meubles fous une dénomination differente, & qu'il n'y avoit rien qui empêchâ fa difpofition de s'étendre aux biens de Paris & de Senlis.*

Page 375. La même chofe fut décidée, fuivant le même Auteur, en faveur *de la veuve du Marquis de Grancey* par Mrs *Lafnon & Lefmery*, anciens Avocats, & *M. Lefcalopier*, Confeiller en la Premiere Chambre de la Cour.

Page 376. On le jugea encore de même par un autre arbitrage cité par cet Auteur en faveur *de la veuve du fieur Blin* ; ce qu'il y a même de fingulier, eft que fon contrat de mariage paffé à Rouen en 1688. contenoit la même referve que celui de la Dame Vaubert. Le fieur Blin, qui étoit lors Directeur des Fermes à Caen, étoit venu quelques années après s'établir à Paris, où il avoit été, comme le fieur Vaubert, *Fermier General*, & avoit fait des acquifitions confiderables.

Page 377. La même queftion s'étant élevée dans la fucceffion de M. de Bernieres, Maître des Requêtes, elle fut, fuivant Me Froland, appointée au Châtelet, & depuis jugée par des Commiffaires encore en faveur de la veuve.

Il faut y ajouter l'Arrêt rendu en la Cour le 20 Fevrier 1713. en faveur *de la veuve du Chevalier Arthur*, marié en Angleterre, qui a jugé Me Froland, page 385. que quoiqu'elle ne fût point commune, elle ne laiffoit pas de devoir avoir le tiers des meubles & effets mobiliers que son mary avoit laissés en France, en conséquence du decret du Parlement d'Angleterre, qui donne à la femme le tiers des meubles, lorsque son mary n'a point fait de testament, quoique, comme le remarque Me Froland, la Dame Arthur *ne méritât pas les mêmes égards qu'une femme mariée en Normandie, suivant la Coutume de la Province, qui la rend habile à succeder, & qui en cette qualité lui donne part dans les meubles & les conquêts.* Page 388.

Enfin dans un dernier Arrêt, qui est encore rapporté par Me Froland, est celui qui a été rendu en la Seconde Chambre de la Cour le 9 Mars 1715. contre *le Commissaire Goudin*, en faveur de ses enfans. Page 388.

Il s'étoit marié à Rouen en 1677. il étoit venu depuis demeurer à Paris, où il avoit acheté une Charge de Commissaire au Châtelet, & fait differentes acquisitions. Ses enfans reclamoient la moitié des conquêts qu'il avoit faits à Paris, qui leur fut adjugée ; il est vrai qu'ils prétendoient que quoique le contrat de mariage n'établît point de communauté, il y avoit eu de premiers articles où l'on avoit stipulé qu'en cas de translation de domicile, les meubles & acquêts seroient partagés ; mais ces premiers articles n'étoient pas rapportés. Le sieur Goudin étoit appellant des Sentences par lesquelles ses enfans avoient fait ordonner qu'il les rapporteroit ; c'étoit naturellement à eux à les representer, puisqu'ils s'en faisoient un titre. Ils ne pouvoient d'ailleurs jamais prévaloir sur la loy d'un contrat de mariage dans lequel ils n'étoient point rappellés, & Me Froland atteste en effet que la question de droit avoit été agitée de part & d'autre.

Les Appellans invoquent la Consultation dont parle Basnage sur l'article 329. mais elle ne peut jamais être opposée, 1°. Au sentiment de ce Commentateur, à celui de le Brun, & de tous les autres Auteurs. 2°. A la Jurisprudence que l'on vient d'établir. 3°. A la Consultation de douze Avocats du Parlement de Rouen, que la Dame de Roncherolles rapportoit en sa faveur. 4°. Au sentiment de *Mes Bracquet, Arrault, Ducornet, Vesin, Darramont & Duhamel,* que Me Froland atteste s'être déterminés sur cette question en faveur de la femme & de ses heritiers. 6°. A la décision de la Consultation donnée dans les conferences de la Bibliotheque en 1714. 7°. Au sentiment general & presque unanime du Barreau du Parlement de Rouen.

Les Appellans citent encore une Sentence rendue en la Premiere Chambre des Requêtes du Palais, au rapport de M. Auby, le 18 Juin 1700. mais, 1°. Cette Sentence ne peut jamais prévaloir sur toutes les autorités que l'on vient de citer. 2°. Me Froland convient lui-même qu'elle n'a pas jugé la question, que la veuve Thomas, contre laquelle elle a été rendue, avoit gâté sa Cause par une Requête, par laquelle elle avoit demandé les conquêts de Normandie, en vertu de la Coutume de Normandie, & ceux de Paris & de Chartres, en vertu de ces deux Coutumes. Il atteste que cette Sentence ayant été citée dans la Cause du nommé Auger, dans laquelle M. *l'Avocat General de la Moignon* portoit la parole, il remarqua qu'elle n'avoit point jugé la question qu'on prétendoit qu'elle avoit décidée. Il ajoute même que quoiqu'il Page 369.

eût plaidé contre la veuve Thomas, il a depuis changé d'avis fur cette queftion, & *qu'après avoir fait toutes les reflexions requifes & neceffaires en pareille occafion, il lui a femblé qu'il étoit jufte de donner à la femme dans les conquêts de Paris la portion que la Coutume de Normandie lui auroit donnée, fi fon époux avoit jugé à propos de faire fes acquifitions dans la Province, & qu'il fe flatte d'avoir introduit cet avis au Palais, du moins dans les Confulta-tions & les Arbitrages, & de l'avoir fait adopter par M*cs* Braquet, Arrault, Ducornet, Vefin, Darramont & Duhamel.*

Les Appellans n'ayant pû trouver en leur faveur que ces deux feules autorités, qui ne peuvent jamais être mifes en paralelle avec tous les Arrêts qu'on vient de citer, il faut donc convenir que la Jurifprudence eft entierement pour les Intimées.

Ayant pour elles la Juftice, la raifon, les principes, les difpofitions même de la Coutume de Normandie, qui expliquent clairement la nature du droit qu'elles reclament, y joignant le fentiment des Auteurs, la Jurifprudence des Arrêts, le préjugé d'une Sentence rendue par des Juges éclairés & en grande connoiffance de caufe, tout parle donc en leur faveur.

Le droit qu'a eu la Dame leur mere fur les conquêts faits pendant fon mariage, ne pouvant être contefté, il ne s'agit plus que d'établir qu'elles font en état de reclamer les portions qui doivent leur en appartenir.

Les Intimées font en droit de reclamer leurs portions des conquêts qui ont appartenu à la Dame leur mere.

Les Appellans prétendent exclure les Intimés de ces conquêts, 1°. Par les renonciations à la fucceffion de la Dame Vaubert leur mere, portées par leurs contrats de mariage de 1704. & 1708. 2°. Par la difpofition de la Coutume de Normandie, qui n'admet point les filles qui ont été mariées à la fucceffion.

Comme la premiere de ces deux fins de non-recevoir frappe indif-tinctement fur tous les biens, que la feconde ne pourroit tomber, felon eux-mêmes, que fur ceux que la Dame Vaubert a pû laiffer en Normandie, il faut commencer par établir que les renonciations portées par les contrats de mariage des Intimées ne fçauroient leur être oppofées. On fera voir enfuite qu'il en eft de même de l'exclufion qu'on prétend être prononcée par la Coutume de Normandie.

Il ne faut pas confondre les renonciations à fucceffions échûes avec les renonciations à fucceffions futures.

Les renonciations à fucceffions futures font en general contraires au droit commun & à l'ordre même de la nature. Une fille que des pere & mere marient n'eft point en état de réfifter à leur autorité, elle foufcrit aveuglément & fans aucune connoiffance de fes droits, à tout ce qu'ils exigent d'elle; à peine eft-elle inftruite le plus fouvent des claufes de fon contrat de mariage, il ne lui eft en tout cas jamais permis de les criti-quer; on l'a fait renoncer malgré elle, & prefque fans qu'elle le fçache, à des droits qui ne font point ouverts, fur lefquels elle ne peut naturellement traiter, dont elle ne connoît ni l'importance ni les avantages. Quand

Quand on dit qu'une fille qu'eſt en âge de ſe marier, eſt en état de ſe ſoumettre aux conventions du mariage, *habilis ad matrimonium eſt habilis ad omnia pacta nuptialia*, cette maxime ne ſçauroit être entendue que des conventions ordinaires du mariage, relatives à ſon mary, à la communauté qu'elle contracte, & aux Reglemens qui ſont d'uſage à ce ſujet; on ne l'a jamais appliquée aux renonciations à ſucceſſions futures, qui ne ſçauroient être regardées comme une convention ordinaire du mariage.

Le Droit Romain les avoit en effet totalement rejettées. La Loy derniere au *ff. de ſuis & legitimis hæredibus*, & la Loy 3. au Cod. *de Collationibus*, y ſont préciſes. Ces Loix ſont même d'autant plus reſpectables, que, comme le remarque Bretonnier, la premiere eſt du celebre *Papinien*, le plus grand génie de ſon tems; l'autre de l'*Empereur Severe*, qui apportoit une ſi grande précaution à la rédaction de toutes ſes Loix, qu'il n'en faiſoit aucune ſans avoir conſulté au moins vingt Juriſconſultes, & cinquante des plus ſages & des plus habiles perſonnages de Rome.

Il eſt vrai que nous les avons admiſes, ou plûtôt tolerées dans notre droit. L'intereſt des grandes familles, la faveur des mâles, & ſurtout des aînés deſtinés à les ſoutenir, les ont d'abord introduites; on n'en a peut-être que trop dans la ſuite étendu l'uſage.

Nous ne les autoriſons cependant que ſous trois conditions eſſentielles, & dont il n'eſt pas permis de ſe relâcher, comme l'établit le Brun; la premiere, qu'elles ſoient faites par contrat de mariage; la ſeconde, que la fille de qui on les a exigées ait été dotée d'une façon raiſonnable & proportionnée; la troiſiéme, qu'elles ayent été faites en faveur des mâles.

De ces premieres reflexions, qui ne ſont contredites par perſonne, réſultent trois principes quel'on doit regarder comme les principes fondamentaux de cette matiere. Les deux premiers ſont generaux; le troiſiéme s'applique particulierement au cas où les pere & mere qui ont marié leurs filles, ont paſſé à de ſecondes nôces.

La condition la plus eſſentielle des rénonciations à ſucceſſion future, étant qu'elles ſoient faites en faveur des mâles, il s'enſuit qu'une rénonciation vague, indéterminée, qui n'eſt faite ſpécialement au profit de perſonne ne doit point être tolerée.

Les Apellans diſent que cette regle n'eſt écrite nulle part, qu'une rénonciation generale forme de droit un accroiſſement à la maſſe de la ſucceſſion, qu'elle eſt d'ailleurs encore plus favorable qu'une autre, parce que c'eſt à la Loi à en appliquer le profit aux heritiers mâles.

La Loi qui autoriſe les rénonciations à ſucceſſions futures, n'eſt auſſi écrite nulle part; il n'y a dumoins à ce ſujet que quelques diſpoſitions particulieres de Coutumes, qui ne devroient avoir d'effet que dans leur territoire; dès qu'elles ne ſont autoriſées que par la faveur des mâles deſtinés à ſoutenir les familles, il ne faut point d'ailleurs de Loi pour décider qu'elles doivent donc être faites à leur profit, puiſque c'eſt une conſéquence néceſſaire d'une condition que tous les Auteurs regardent comme eſſentielle.

Recueil des queſtions qui ſe jugent diverſement dans les differens Tribunaux, lettre R. page 278.

Traité des ſucceſſions, liv. 3. chap. 8. ſect. premiere, m 13.

H

C'est précisément parce qu'une rénonciation generale ne produit qu'un simple accroissement à la masse de la succession, que l'objet d'une rénonciation à succession future n'étant point d'augmenter la masse de la succession, mais de favoriser les mâles, elle doit donc nommément être faite à leur profit.

C'est une illusion de dire que c'est à la Loi à leur en appliquer le bénéfice; dès-que l'on est obligé de reconnnoître qu'une rénonciation generale ne produit par elle-même qu'un accroissement à la masse de la succession, la Loi ne sçauroit en appliquer seule le bénéfice aux mâles; c'est une condition, une stipulation de la rénonciation même qui doit y être nommément exprimée.

L'on peut renoncer en general à une succession échûe; mais une rénonciation à succession future ne pouvant être faite qu'en faveur des mâles, il faut donc qu'elle ait été faite à leur profit; si elle ne l'a point été, c'est un acte nul qui se détruit de lui-même.

Un second principe est qu'un pere ou une mere qui veulent exiger d'un fille qu'ils marient, une rénonciation à leur succession future, doivent aussi de leur part en agir à son égard en bons peres de famille; il faut qu'il paroisse que c'est pour le soutien de leur famille, pour augmenter la fortune d'un aîné ou d'un autre mâle destiné à les representer, & non par une prédilection injuste qu'ils l'ont fait renoncer : il faut qu'ils l'ayent dotée, & qu'ils l'ayent dotée convenablement & proportionnément à leur état & à leur fortune : une rénonciation exigée par des pere & mere, d'une fille qui ne connoissoit pas ses droits, qui étoit forcée de déferer à leurs volontés moyennant une dot modique & disproportionnée, est plûtôt une exherédation qu'une dotation.

(a) Notes sur le Conseil 19 du liv. 3 des Conseils d'Alexandre.

(b) Lettr. R. Somm. 17,

C'est la remarque de Dumoulin (a) adoptée par Me Louet (b) : *cùm pater non est functus pietatis officio, & filia hujus consuetudinis, seu observantiæ prætextu exhæredata potiùs quàm honestè dotata fuit.*

Les Appellans prétendent que cette regle ne doit avoir lieu, que quand les pere & mere ont engagé leur fille dans un mariage peu convenable & au-dessous de son état, ou quand ils ont usé envers elle de mauvais traitemens, & que dans ce cas-là même elle ne peut demander qu'un supplément de légitime.

Dumoulin & M. Louet n'ont jamais entendu cette maxime dans le sens forcé qu'on voudroit lui donner; si Dumoulin dit que *prædicta intelligenda sunt dummodò aliàs filia honestè & decenter collocata sit,* non-seulement ces termes peuvent également s'appliquer à une fille qui n'a point épousé un parti sortable, & à celle qui n'a point été dotée convenablement; les termes qui suivent ne permettent pas surtout d'en douter : *Secùs si constaret non esse parentem functum officio parentis, non enim prætextu dictæ observantiæ aperienda est fenestra injustis exhæredationibus.* C'est pareillement après avoir dit en general qu'on n'écoute point des moyens de lézion contre des rénonciations à successions futures faites en faveur des mâles, que M. Louet ajoute, *ce que dessus n'a point lieu quandò pater non est functus pietatis officio,* & que *hujus consuetudinis seu observantiæ prætextu exhæredata potiùs quàm honestè dotata filia fuit :* si le pere s'est oublié lui-même, s'il n'a point agi en pere, s'il a plûtôt desherité que doté fa fille, ce n'eft point un fimple fupplément de légitime qui doit réparer cette injuftice, c'eft une reftitution entiere dans fes droits.

Le troifiéme principe eft encore d'une bien plus grande importance.

Les Loix Romaines & celles de notre Droit François fe font réunies pour empêcher qu'une femme qui paffoit à de fecondes nôces, ne pût porter trop loin les avantages qu'elle vouloit faire à fon mari, & qu'elle ne pût même l'avantager dans la perfonne de fes enfans.

De-là la difpofition des Loix, *hac edictali & fœminæ*, au Cod. *de fecundis nuptiis*, & de l'Edit de François Second, appellé *l'Edit des fecondes nôces*, qui défendent aux femmes qui ont des enfans ou petits-enfans, de donner aux maris qu'elles époufent en fecondes nôces ou à leurs enfans ou à d'autres perfonnes interpofées, en quelque façon que ce foit, plus qu'à un de leurs enfans le moins prenant, qui les obligent même de réferver à leurs enfans du premier lit tout ce qu'elles ont eu de la liberalité de leur premier mari. De-là la difpofition des art. 279 & 283 de la Coutume de Paris, qui en renouvellant ces difpofitions, défendent à un conjoint qui a des enfans, de rien donner aux enfans de l'autre conjoint, & veulent que les conquêts du premier mariage & ceux du fecond foient partagés également entre tous les enfans : de-là la difpofition de l'art. 281 de la Coutume de Normandie, qui porte *qu'ou le Donateur ou le Teftateur convoleroit en fecondes nôces, ou auroit enfans de divers lits, en ce cas il ne pourra faire la condition des enfans d'un lit meilleure que celle des autres lits.*

L'experience ne juftifie que trop qu'une mere qui paffe à de feconds engagemens, y porte toutes fes affections, & ne regarde plus fes enfans du premier lit que comme des creanciers dont elle voudroit diminuer les droits ; le nouveau mary qu'elle époufe, à qui la nature ne donne aucun fentiment pour eux, ne cherche fur tout à faire ufage de fon autorité que pour les dépouiller, & enrichir fes enfans du fecond lit ; que la mere les abandonne par défaut de fentimens, ou par déference pour les volontez de fon mary, leur fort n'en eft pas moins malheureux, & la Juftice ne fçauroit s'armer de trop de rigueur, lorfqu'il s'agit de venir à leur fecours.

Les renonciations à fucceffions futures qui font par elles-mêmes contraires au droit commun & à l'ordre de la nature, comme on l'a déja obfervé, doivent-elles être autorifées, lorfqu'une mere qui a des enfans d'un premier lit, a paffé à de fecondes nôces, & à des enfans d'un fecond mariage, c'eft une queftion que peu de nos Auteurs ont traitée, mais que prefque tous ceux qui l'ont examinée, ont decidée en faveur des enfans du premier lit.

Si l'on confulte les reflexions que prefentent naturellement les Loix qui ont été faites contre les fecondes nôces, il femble qu'il ne foit pas poffible d'hefiter.

Ou la renonciation eft faite en general, & forme un accroiffement à la maffe de la fucceffion, ou elle eft faite en faveur des enfans du fecond lit.

Si elle eft faite en general, & forme un accroiffement à la maffe de la fucceffion, elle produit neceffairement un avantage en faveur du fucond mary ; puifqu'elle augmente la part d'enfant dont il eſt donataire, elle eſt par conſequent en même temps contraire aux Loix des ſecondes nôces, qui ont voulu éviter tous ces avantages indirects, & aux diſpoſitions des Coutumes, qui défendent aux conjoints de s'avantager depuis leur mariage directement ni indirectement.

Si elles ſont faites aux enfans du ſecond lit, non-ſeulement c'eſt encore un avantage au ſecond mari, parce que c'eſt faire le bien du pere que de faire celui de ſes enfans ; un pere aime mieux le plus ſouvent, qu'on donne à ſes enfans qu'à lui-même : c'eſt d'ailleurs une contravention manifeſte aux Loix des ſecondes nôces, dont le principal objet a été d'empêcher qu'on ne pût faire paſſer par quelque voye que ce ſoit, les biens qui devoient apartenir aux enfans d'un lit à ceux d'un autre lit.

C'eſt même ce qui peut recevoir encore bien moins de difficulté dans la Coutume de Paris & dans celle de Normandie que dans toute autre.

L'article 279 de la Coutume de Paris, interdiſant à la femme qui a paſſé à de ſecondes nôces, la faculté de diſpoſer aucunement au préjudice des enfans de ſon premier lit, des conquêts faits pendant ſon ſecond mariage, voulant que ces conquêts & ceux faits pendant le cours de ſon ſecond mariage, ſoient partagés entre tous ſes enfans du premier & du ſecond lit, il en réſulte qu'elle ne peut donc pas les faire paſſer aux enfans d'un de ces lits au préjudice des autres, que ſi elle le fait, c'eſt une contravention à la loy que la Juſtice ne ſçauroit autoriſer.

La Coutume de Normandie eſt encore plus préciſe. Dès que l'article 281 declare en termes imperatifs & prohibitifs, que le conjoint qui aura convolé en de ſecondes nôces, ou qui aura des enfans de divers lits, *ne pourra faire la condition des enfans d'un lit meilleure que celle des autres lits*. Il n'eſt donc pas poſſible d'autoriſer dans cette Coutume, qu'une mere remariée, qui a des enfans de ſon ſecond lit, faſſe renoncer ſes filles du premier lit à ſa ſucceſſion future, puiſque cette renonciation ne pouvant profiter qu'aux enfans du ſecond lit, augmentant neceſſairement leurs portions, ce ſeroit donc faire leur condition meilleure que celle des enfans du premier lit, contre le texte précis de la Coutume.

Les Appellans voudroient inſinuer que cet article n'a lieu que pour le Bailliage de Caux.

Le titre ſous lequel il eſt placé, eſt intitulé à la verité, *Des Succeſſions en propre au Bailliage de Caux & autres lieux où ladite Coutume s'étend en la Vicomté de Rouen* ; ce qui ſeul prouveroit qu'il ne regarde pas le Bailliage de Caux ſeul ; comme les articles de cette Coutume ſont fort mal rangés, ſuivant qu'on l'a déja obſervé, il ne faut d'ailleurs que parcourir ce titre, pour connoître qu'il y en a pluſieurs qui ne ſont pas faits pour le Bailliage de Caux ſeul, qui concernent neceſſairement, toute cette Coutume.

Non-ſeulement cet article 281 eſt conçu en termes generaux & abſolus : ſa diſpoſition eſt conforme au droit commun, au vœu de la nature. L'article 434 du titre des Donations, declare même que *les pere &*

& mere ne peuvent avantager l'un de leurs enfans plus que l'autre, soit de meubles ou heritages. Ainsi, si l'on veut s'attacher à cet article, une renonciation à succession future dont l'effet est toujours d'avantager un des enfans plus que l'autre, ne devroit en aucun cas être autorisée dans cette Coutume; si l'on s'arrête à l'article 281. Il ne peut donc y avoir aucun doute de la rejetter dans le cas d'un second mariage.

Les Appellans convaincus de la force de ce moyen, cherchent à l'éluder par une autre distinction. Les Intimés confondent, selon eux, deux questions differentes. Lorsqu'il y a des enfans mâles d'un premier & d'un second lit, il est vrai que ce sont ceux du premier lit qui profitent des renonciations faites par les filles du premier lit par leurs contrats de mariage; mais il ne s'enfuit pas de-là que ces renonciations ne puissent pas être faites au profit des enfans du second lit, que ces enfans soient incapables d'en profiter, & qu'il faille les declarer nulles.

L'on ose dire qu'il ne faudroit que cet aveu pour les condamner. Si une renonciation faite par une fille du premier lit, ou indéterminée, ou faite au profit des mâles, ou de ses freres en general, ne doit, selon eux-mêmes, profiter qu'à ses freres du premier lit, il s'ensuit donc que ceux du second lit sont incapables par leur qualité d'en recueillir le benefice, puisque s'ils n'en étoient pas incapables, on ne pourroit pas les en exclure.

L'on ne parle point d'une renonciation faite specialement au profit des freres du premier lit de la fille mariée; il s'agit d'une renonciation faite par une fille en general au profit de ses freres, ou au profit des mâles, ou même au profit de ses pere & mere. On demande à quel titre on peut en exclure des freres du second lit; ce ne peut certainement point être en consequence des termes de la renonciation, puisqu'ils y sont également appellés sous la qualité de freres, ou sous celle de mâles; ce ne peut donc être que parce que les pere & mere remariés ne peuvent jamais faire passer par quelque voye que ce soit, les biens des enfans de leur premier lit, aux enfans du second, parce qu'ils ne peuvent pas, sans aller directement contre l'esprit de toutes les Loix des secondes nôces, avantager leurs enfans du second lit au préjudice & aux dépens de ceux du premier, parce que sans cela, il n'y a point de pere & mere remariés qui ne fissent fraude à la loy, & ne trouvassent le moyen de faire passer leurs biens à leurs enfans du second lit.

Ou il faudroit partager le benefice de ces renonciations entre tous les enfans mâles du premier & du second lit sans distinction, puisque cessant l'incapacité des enfans du second lit, il n'y a point de raison pour préferer les enfans du premier; ou si l'on est forcé de convenir, que les enfans du premier lit doivent être préferés, il faut necessairement aller jusqu'à dire que les enfans du second lit sont incapables d'en profiter; & s'ils sont incapables d'en profiter, par une seconde consequence également indispensable, la renonciation est donc nulle, invalide, irreguliere, lorsqu'il n'y a que des enfans du second lit.

Le principe que les Appellans ne peuvent se dispenser d'avouer, que

I

les enfans du premier lit, lorsqu'il y en a, doivent seuls profiter de la renonciation, suffiroit pour le prouver.

Il n'y a d'ailleurs qu'à consulter les Auteurs qui ont traité cette question, & l'on verra que non-seulement ils ont proposé la préférence des freres germains, comme un moyen déterminant contre les freres du second lit, qu'ils ont même regardé réellement les freres du second lit comme incapables de profiter en aucun cas de ces renonciations.

Le Brun est celui qui l'a examinée avec plus d'étendue.

<table><tr><td>*Traité des Succes-
sions, liv. 3. ch. 8.
sect. 1. n. 46.*</td><td>Il pose d'abord la question d'un pere, qui ayant un fils & une fille d'un premier lit, & plusieurs fils du second lit, marie sa fille du premier lit dans la Coutume de Bourbonnois, & l'a fait renoncer en faveur de son frere du premier lit; ce frere ayant fait profession en Religion, ses freres consanguins veulent à la mort du pere exclure la sœur de sa succession, sur le fondement de l'article 305 de cette Coutume, qui dit que la fille mariée & appanée par pere ou par mere, ayeul ou ayeule, ne peut rien demander, pas même un supplément de legitime, tant qu'il y a mâle ou descendant de mâle heritant esdites successions; la fille soutient que ses freres du second lit ne peuvent jamais profiter de sa renonciation, & se fonde sur l'article 307 de la même Coutume, qui porte que *la renonciation faite par la fille en son contrat de mariage, s'entend être faite au profit de l'hoir germain, ou des descendans de lui, sans qu'il soit besoin d'en faire autre exception.* Voici la décision de le Brun. *On ne dira jamais que les freres consanguins soient aussi favorables qu'un frere germain, puisque celui-ci a la double lien sur eux, & par conséquent ce qui a été stipulé pour le frere germain, ne doit pas s'étendre aux freres consanguins.*</td></tr></table>

De cette premiere espece, il passe à une seconde. Il demande si une fille qui a renoncé *aliquo dato* par son contrat de mariage dans un tems où elle avoit des freres germains, sans exprimer en faveur de qui elle renonçoit, est réputée avoir renoncé tant au profit de ses freres d'un second mariage contracté depuis par son pere ou par sa mere, que de ses freres germains. *Il semble,* dit-il, *que si c'est la mere qui s'est remariée depuis la renonciation, elle ne doit point être présumée faite au profit des enfans mâles du second lit, parce qu'ils paroissent être d'une autre famille, & portent un nom étranger; ainsi ces freres uterins n'ont point pour eux le principal motif qui a fait admettre les renonciations, qui est la faveur du nom & de la famille, qui ne se soutiennent que par les freres germains ou consanguins,* & il se détermine en effet pour ce sentiment; il cite *Alexandre, Boerius, Mazuer,* & dit que *la question a été ainsi jugée par Arrêt du Parlement de Bordeaux du 3 Août 1524. rapporté par Papon dans l'espece même, que lors de la renonciation de la fille du premier lit, le pere avoit déja neuf enfans du second, nonobstant quoi il fut jugé que la renonciation ne devoit profiter qu'aux enfans du premier lit; ce qui justifie que ce que nous venons de dire pour le second mariage de la mere, doit être aussi appliqué au second mariage du pere.*

Il ajoute, que *cette decision auroit lieu au cas même que la renonciation eût été faite précisément en faveur du pere & de la mere, non-seulement parce qu'il a été dit ci-deſſus, que dans les plus pures maximes nonobſtant cette expreſſion, les renonciations ſont toujours préſumées faites en faveur des freres; mais encore parce que le pere n'eſt pas reputé vouloir établir aucune inegalité entre ſes deux lits, & dépouiller l'un pour enrichir l'autre, ce qui arrive par la renonciation de la fille du premier lit, ſi les mâles du ſecond en profitent.*

Il y a un peu plus de difficulté, dit-il, ſi c'eſt le pere qui s'eſt remarié, & qu'il s'agiſſe de l'interêt des freres conſanguins, parce qu'ils portent le nom de la famille; cependant il eſt conſtant que ſi la fille a renoncé pendant la vie de la mere, ils n'ont point part dans l'intention & la deſtination de la renonciation, ni par conſequent dans le profit; car on doit avoir beaucoup d'égard au vœu & à la deſtination de celle qui renonce à ſes droits les plus legitimes. Nomb. 66.

Il paſſe à un autre cas, c'eſt celui de la renonciation de la fille à la ſucceſſion de ſon pere depuis la mort de ſa mere, & le ſecond mariage de ſon pere, & il eſt vrai qu'il dit, que la faveur du nom & les circonſtances peuvent faire admettre ſa renonciation en faveur des enfans du ſecond lit, principalement s'ils étoient vivans lors de là renonciation; mais il avoüe qu'il penſe tout differemment lorſque c'eſt la mere qui s'eſt remariée: *Au lieu, dit-il, que ces deux choſes ne concourent jamais enſemble, quand c'eſt la mere qui s'eſt remariée, & qu'il s'agit de l'interêt des freres uterins.* Id.

Il eſt vrai que dans le cas où la fille du premier lit n'ayant des freres que du ſecond mariage de ſon pere, a renoncé expreſſément en faveur de ſes freres aux biens de ſon pere, il croit qu'ils en peuvent profiter toujours à cauſe de la faveur du nom. Nomb. 67.

Mais ſi c'eſt la mere qui s'eſt remariée, il décide que les freres du ſecond lit n'en peuvent pas profiter: *A l'égard des biens de la mere, j'inclinerois à dire, qu'il n'y a non plus que les freres germains qui en doivent profiter; puiſqu'encore que les freres uterins fuſſent au monde lors de la renonciation, néanmoins les vœux naturels de la fille, ni la deſtination de la renonciation ne les regardent point, attendu qu'ils ne portent point le nom de la renonçante, & qu'ils n'ont point part à cette mutuelle affeſtion qui eſt ſi ordinaire dans le double lien.* Nomb. 68.

Ainſi ſuivant cet Auteur il faut diſtinguer differens cas.

Quand la fille a renoncé au profit de ſes freres germains, les freres du ſecond lit n'en peuvent jamais profiter, même quand les enfans du premier viendroient à mourir.

Si elle a renoncé du vivant de ſes pere & mere ſans exprimer au profit de qui, & que ſa mere vienne à ſe remarier, les enfans du ſecond lit ne peuvent point profiter de ſa renonciation.

Si elle a renoncé au profit de ſes pere & mere, les enfans du ſecond lit n'y peuvent encore rien prétendre; parce que ce ſeroit établir une inégalité entre les deux lits.

Si elle a renoncé depuis le ſecond mariage & la naiſſance des enfans du ſecond lit, ou c'eſt le pere qui s'eſt remarié, ou c'eſt la mere; ſi c'eſt le pere, & qu'il s'agiſſe de ſes biens, les enfans du ſecond lit, freres conſanguins de la renonçeante, peuvent en profiter à cauſe de la faveur du nom ; ſi c'eſt la mere qui s'eſt remariée, & qu'il ſoit queſtion de ſes biens, les enfans du ſecond lit, freres uterins de la renonçante, en doivent être exclus.

Cette diſtinction entre le pere ou la mere qui ſe remarient pourroit être juſtement contredite, & elle eſt en effet condamnée par l'Arrêt du Parlement de Bordeaux du 3 Août 1524. dont il parle, & qui eſt cité par Papon, & a été rendu préciſément dans le cas d'un pere remarié, *parce que, comme dit cet Auteur, ce ne ſera pas juſtice de vouloir enrichir les* *enfans du ſecond lit des biens dûs à ceux du premier, & combien qu'il y ait de* *la diſpute au contraire, ce néanmoins cette partie eſt la plus ſaine, & ſelon* *icelle & pour les enfans du premier lit, fut jugé par Arrêt du Parlement de* *Bordeaux le 3 Août 1524.*

Liv. 15. de ſes Arrêts, tit. premier, Arrêt 10.

Il ne peut en tout cas y avoir, ſuivant cet Auteur, aucune difficulté lorſque c'eſt la mere qui s'eſt remariée.

Lettre R. N. 41.

Renonciation faite par la fille du premier lit de ſes biens maternels en faveur *de ſon pere, eſt cenſée faite,* dit la Peyrere, *en faveur de ſes freres germains,* *aliàs fraus fieret Legi fœminæ, codice de ſecundis nuptiis ;* que ces derniers termes ſoient de cet Auteur ou de ſon Annotateur, ils n'en ſont pas moins ſentir la juſtice de cette déciſion.

Queſtion de Droit, Lett. D, pag. 282.

Mᵉ Bretonnier qui s'eſt ſingulierement attaché à ces ſortes de queſtions, a décidé celle-ci de la même façon ; *s'il y a des enfans de deux* *lits, la renonciation de la fille du premier lit eſt cenſée faite au profit de ſes* *freres germains, & ſi tous les freres germains décedent ſans enfans, la re-* *nonciation perd ſon effet ; c'eſt la diſpoſition de l'article* 307. *de la Coutume de* *Bourbonnois :* cela ſe juge ainſi au Parlement de Dijon, ſuivant les Arrêts rapportés par Taiſant ſur la Coutume de Bourgogne, tit. 7. art. 2. note 3. & au Parlement de Bordeaux, Papon dans ſes Arrêts, Livre 15. Tit. premier, N. 10. la Peyrere, Lett. R. N. 55. Il obſerve que la Coutme de Bourbonnois y ajoute une exception, en cas qu'il fût dit expreſſément au profit de qui la renonciation eſt faite ; mais après avoir dit, que cette exception doit recevoir une limitation, au cas qu'il n'y ait pas d'enfans mâles du premier lit, il ajoute, *que le Parlement de Dijon ſans aucune* *diſtinction, reſtitue la fille du premier lit qui a renoncé au profit de ſes freres* *du ſecond lit, ſuivant les Arrêts rapportés par Taiſant au même endroit.*

Les Appellans diſent que cet ouvrage n'eſt qu'une compilation, que la confiance que Mᵉ Bretonnier a eûe en le Brun l'a entraîné dans les mêmes erreurs.

La conformité de ſentimens avec le Brun ne feroit qu'honneur à cet Auteur ; il ne cite pas même ſeulement le Brun dans l'endroit qu'on vient de rapporter ; ſi ſon Recueil n'eſt qu'une compilation, c'eſt la compilation la plus exacte, la plus ſçavante, la plus judicieuſe que nous ayons.

Tit. 7. art. 21. not. 3.

Taiſant, cité par Mᵉ Bretonnier, n'eſt pas moins précis ; il propoſe d'abord l'eſpece d'une fille qui a été mariée du vivant de ſes pere & mere par mariage divis, & qui ſuivant la Coutume de Bourgogne eſt excluſe de la ſucceſſion de ſes pere & mere tant qu'il y a des mâles ; il demande, ſi les pere & mere ayant été mariés pluſieurs fois, & tous les

freres

freres germains de la fille étant décedés, elle peut être exclue par des freres confanguins ou uterins? il décide que ses freres confanguins ou uterins ne peuvent pas l'exclure, parce que *le mariage divis ne pouvant avoir lieu, que quand il est fait par les pere & mere conjointement, ou par le pere pendant la vie de la mere, il s'enfuit que la fille ne peut être excluse que par les fils des mêmes pere & mere, qui font les freres germains de la fille mariée par mariage divis.* Il cite un Arrêt du premier Juin 1646. qui a jugé *que l'exclufion n'avoit lieu qu'au profit des enfans du même mariage, freres & sœurs germains, & non des confanguins & uterins.* Que cet Arrêt ait été rendu à l'occafion d'une fille d'un fecond lit, contre des freres confanguins & uterins iffus de precedens mariages, comme le remarquent les Appellans, c'eft une circonftance fort indifferente.

De cette premiere efpece Taifant paffe à celle d'une fille qui a renoncé: *La queftion ayant été agitée*, dit-il, *fi une fille qui a renoncé à la fucceffion de fon pere au profit de fes freres uterins, peut fe faire reftituer, les Lettres de refcifion furent enterinées au Bailliage d'Arnay-le-Duc; enfuite l'affaire ayant été plaidée au Parlement de Bourgogne par les fieurs Avocats Joly & Gruzot, en confequence d'une appellation interjettée de l'enterinement de ces Lettres, il y eut Arrêt rendu fur les conclufions de M. Quarré d'Aligny Avocat General le 14 Decembre 1655. qui confirma la Sentence, fur ce fondement, que les renonciations ne font admifes qu'au profit des freres pour la confervation des familles, & non en faveur des étrangers, tels que font les freres uterins à l'égard de leurs beaux-peres.*

Les Appellans infiftent fur ce qu'il s'agiffoit d'une renonciation faite par une fille à la fucceffion de fon pere, au profit de fes freres uterins, ils difent que cela eft jufte; que la renonciation à une fucceffion ne peut être faite qu'en faveur de ceux qui font heritiers de la même fucceffion, & non en faveur d'étrangers.

Les freres, quoiqu'uterins ou confanguins, ne peuvent pas être regardés comme des étrangers relativement à la fille qui renonce; on la fait même fouvent renoncer en faveur de fes pere & mere qui n'ont aucune qualité d'heritiers; il n'y auroit donc aucun inconvenieut d'autorifer une renonciation faite par une fille à la fucceffion de fon pere au profit de fes freres uterins, fi ce n'étoit point avantager les enfans d'un lit aux dépens de ceux d'un autre lit, contre l'ordre & le vœu de la nature, & l'efprit de toutes les Loix qui ont été faites contre les feconds mariages, & mettre les pere & mere remariés en état de dépouiller les enfans du premier lit pour en gratifier ceux du fecond; cet Arrêt & tous ceux qui ont été rendus dans le même cas, n'en font par confequent pas moins décififs.

Sur l'art. 250. pag. 399.

Bafnage penfoit comme tous ces autres Auteurs, lorfqu'il a dit en parlant de ces renonciations des filles par leurs contrats de mariage, *que quelquefois même on ne peut pas les faire renoncer à leur legitime fur les biens de la mere vivante, lorfque cette mere a paffé en un fecond mariage, étant en la puiffance d'un fecond mari; cette préfomption de la Loi que la mere a fatisfait à fon devoir en les mariant, ceffe entierement, & l'on répute au contraire qu'elle a fuivi les fentimens d'un fecond mari, & qu'elle n'a pas écouté la voix de la nature; & c'eft pourquoi l'on a jugé que nonobftant cette renon-*

K

38

ciation, *la fille pouvoit encore demander son mariage avenant*, quia mater sancta non est pietatis officio, & filia hujus Consuetudinis prætextu exhæredata magis quam honestè dotata fuit.

Sur l'art. 250.

Pesnelle s'explique en termes à peu près semblables : *Il a même été jugé qu'une fille qui a renoncé à la succession de sa mere vivante sous la loi d'un second mari, pouvoit demander nonobstant sa renonciation mariage avenant sur les biens de sa mere, parce que l'on présumoit que la mere avoit plutôt suivi les sentimens & les interêts de son mari, que voulu s'acquitter du devoir de mere envers sa fille*; & sic filia hujus consuetudinis prætextu magis, exhæredata quam honestè dotata fuerat.

Lett. R. Somm. 17.

C'est dans le même esprit que M. Louet, après avoir cité ce même passage, ajoute, *ce qui se fait quelquefois aux enfans du premier lit, pour avantager indirectement ceux du second.*

Les Appellans insistent sur le terme de *quelquefois* qui se trouve dans ces Auteurs; il n'en résulte pas, selon eux, un principe general; ils ajoutent que Basnage ne parle que d'une fille qui n'a point été dotée, & qu'il ne l'admet qu'à demander son mariage avenant.

Si ces Auteurs se sont servis du terme de *quelquefois*, ce n'est que pour montrer que le cas d'une renonciation que des pere & mere remariés ont fait faire à une fille de leur premier lit pour avantager ceux du second, est un cas où l'on juge qu'ils n'ont pas fait leur devoir de pere, *functi non sunt pietatis officio*; il n'en est pas moins évident que c'est un cas où la renonciation ne doit point être autorisée.

A l'égard de Basnage, la Coutume de Normandie excluant la fille mariée, même quand elle n'auroit rien reçû, il n'est pas extraordinaire qu'il ait parlé d'une fille qui n'avoit point été dotée; il n'en reconnoît pas moins que sa renonciation est nulle, lorsqu'elle a été exigée par des pere & mere remariés, pour favoriser les enfans de leur second lit; l'autorité de cet Auteur, & celle de Pesnelle, sont même d'autant plus importantes, qu'il s'agit précisément d'une renonciation faite en Normandie.

Les Appellans invoquent l'autorité de Dumoulin, d'Argentré, Basmaison, Renusson, Auroux des Pommiers, & un Arrêt du 2 Août 1676. cité dans le Journal des Audiences.

Il n'est pas étonnant que sur une question de cette qualité, sur laquelle les dispositions des differentes Coutumes peuvent donner lieu à une infinité de réflexions, tous les Auteurs n'ayant pas été d'un même avis; en parcourant ces autorités, il sera aisé en tout cas de faire voir, qu'elles ne sçauroient être opposées à celles que l'on vient d'invoquer.

Notes sur l'art. 242. de la Coutume de la Marche.

Dumoulin n'a pas seulement examiné la question; un pere avoit marié deux de ses filles, & les avoit fait renoncer en sa faveur; il avoit passé depuis à un second mariage dont il avoit eû un fils & trois filles; il avoit institué par son testament son fils son heritier, & en cas que son fils decedât sans enfans, il avoit declaré qu'il vouloit que ses trois filles du second lit, & ses deux filles du premier fussent ses heritieres également en rapportant. Le fils avoit survêcu son pere, & étoit mort en minorité; la question étoit de sçavoir, si les filles du premier lit devoient être admises à succeder conjointement avec celles du second. Dumoulin se détermine en faveur des filles du premier lit : il n'examine point si la renonciation qui avoit été faite avant que le pere fût remarié étoit bonne ; il se fonde sur la clause du testament par laquelle le pere avoit voulu que ses filles du premier lit succedassent également avec celles du second, & il confirme sa decision, sur ce que la renonciation étoit faite en faveur du pere, dont la declaration devoit par consequent avoir tout son effet & sur l'égalité, *sed in favorem patris, & sic solius patris declaratio sufficit etiam tacita, tum favore æqualitatis.*

L'article 224. de la Coutume de Bretagne sur laquelle d'Argentré a fait la Note dont les Appellans voudroient argumenter, a été retranché dans la nouvelle Coutume ; on n'y trouve d'ailleurs rien que d'infiniment vague. Un pere avoit marié une fille du second lit, il ne paroît pas même qu'il y eût de renonciation dans son contrat de mariage ; la question étoit de sçavoir, si son exclusion devoit profiter à l'aîné seul du premier mariage, ou à celui du second, ou au pere, & par là à tous ses enfans, suivant le droit qu'ils avoient dans sa succession, *& ita omnibus prout sunt fundati in hæreditate ;* d'Argentré decide qu'elle doit militer en faveur du père, à moins qu'elle n'ait été faite nommément en faveur de l'aîné ; il observe cependant que si c'étoit une fille du premier lit qui eût été mariée, sa renonciation ne profiteroit qu'à l'aîné de ce premier mariage : non-seulement il n'agite ces questions que relativement à la Coutume de Bretagne, il n'y a rien même dont les Appellans puissent tirer avantage. Art. 224. Glose 7. Nomb. 16.

La decision de Basmaison n'est fondée que sur la disposition de la Coutume d'Auvergne sur laquelle il a écrit, qui declare en termes formels que la *fille mariée par le pere, ou par l'ayeul paternel, ou par un tiers, ou par elle-même, lesdits pere ou ayeul paternel & mere vivans, douée ou non douée, ait quitté, ou non, elle ne ses descendans ne peuvent revenir à succession de pere, mere, freres, sœurs, ne autres quelconques, directe ni collaterale, tant qu'il y a mâle ou descendans de mâles heritans esdites successions, soit ledit descendant mâle ou femelle.* Que cet Auteur ait regardé cette exclusion comme absolue & devant avoir son effet en faveur de tous les mâles indistinctement, on n'en peut rien conclure pour la question presente. Art. 25. du tit. 11.

Il est vrai que Renusson est favorable aux Appellans, quoiqu'il convienne que la question est difficile, mais son suffrage n'a jamais été d'un grand poids dans les Tribunaux. Traité des propres, chap. 2. sect. 6. nomb. 29. & suiv.

Auroux des Pommiers est un Auteur moderne qui a écrit sur la Coutume de Bourbonnois.

L'article 305. exclut la fille mariée & appanée de toute succession, même de sa legitime. L'article 307. explique que *la renonciation faite par la fille en son contrat de mariage, s'entend être faite au profit de l'hoir mâle germain & les descendans de lui, sans qu'il soit besoin d'en faire d'autre expression ;* ce qui seul prouveroit que la renonciation ne peut donc pas être faite au profit des freres consanguins ou uterins, puisque, comme on l'a déja observé, si le frere germain est preferé, même quand la renonciation n'est pas faite nommément à son profit, ce ne peut être que par l'incapacité des freres consanguins ou uterins.

C'est aussi sur ce fondement qu'un des Commentateurs cité par Auroux des Pommiers (a), dit sur ces mots *au profit des mâles germains,* scilicet *privative aux freres paternels ou uterins;* & un autre (b), *que si la renonciation est faite* tam respectu consanguinei, quam germanorum, illa tantùm proderit germanis. Ce dernier rapporte même un Arrêt de l'année 1626. qui a jugé que quoiqu'un pere eût fait renoncer sa fille en sa faveur, & en faveur de ses heritiers mâles du second lit, & à leur défaut seulement en faveur des mâles du premier lit, il n'y avoit cependant que les mâles du premier lit qui pussent en profiter.

Il est vrai que cet article 307. ajoute, *sinon qu'il fût dit expressément au profit duquel ladite renonciation auroit été faite,* mais les Commentateurs expliquent que ces termes ne s'entendent que d'une renonciation en faveur d'un des freres germains; ita ut (c) si sint plures germani, poterit fieri renuntiatio in favorem unius illorum . . . . quod pro nomen (d) duquel refertur auquel des germains.

C'est à ce sujet qu'Auroux des Pommiers demande (e) si l'appanage & la renonciation de la fille, profitent au frere d'un autre lit, au défaut des freres germains; il convient que c'est une question (f) difficile, & qui partage les Commentateurs. Il est forcé de reconnoître (g) avec un de ses Commentateurs, que c'est ce qui paroît résulter de l'art. 307, & que c'est en effet le sentiment de Papon qui a écrit sur cette Coutume. Ad hoc facit paragraphus 307. ubi renunciatio intelligitur facta in favorem fratris germani & ejus descendentium, nisi dictum sit terminatum, au profit duquel, quod pro nomen duquel refertur, auquel des germains; favet etiam huic Sententiæ paragraphus 317. qui in successione collaterali præfert in infinitum germanos, id est ex utroque latere conjunctos, & ita sentit Papon in dicto paragrapho 317. scilicet quod tantùm utroque latere conjunctorum commodo Lex statuaria filiam repellat, ita ut deficientibus germanis, filia non excludatur à successione ascendentium & collateralium, si tantùm supersint consanguinei, aut uterini. Il observe à la vérité que quelques autres Commentateurs sont d'avis contraire, & il se range à leur opinion principalement par la generalité des termes de l'art. 305 de cette Coutume, mais cette diversité d'opinions ne fait qu'annoncer la difficulté sans la décider.

L'Arrêt de 1626. qu'il cite, a été rendu dans le cas d'une rénonciation qu'un pere avoit éxigée d'une fille d'un premier lit depuis la mort de sa mere & son second mariage, & qui étoit faite nommément en faveur des mâles du second lit: non-seulement la fille avoit contr'elle les termes de sa rénonciation, c'étoit même le cas de la distinction faite par le Brun, & de la faveur du nom que ces enfans du second lit étoient en état de lui opposer; les Sentences dont il parle sont encore dans le même cas.

A l'égard de l'Arrêt du 2 Août 1676. il ne s'y agissoit point d'une rénonciation. François Coudert & Marie Varillas sa femme avoient marié Marie Coudert leur fille, & l'avoient dotée & appanée chacun séparément, François Coudert d'une somme de 5000 livres, & Marie Varillas d'une somme de 2000 livres: ils l'avoient instituée leur heritiere, où il n'y auroit d'autres enfans d'eux descendans: ils n'en avoient point eu de leur mariage; mais Marie Varillas morte, François Coudert s'étoit remarié, & avoit eu de son second mariage un fils. Il s'agissoit de sçavoir si fi Marie Coudert avoit fuccédé feule à fon pere fur le fondement qu'il n'avoit point eu d'enfans de fon premier mariage ; on jugea avec raifon que la claufe de fon contrat de mariage renfermoit une double infti-tution, une de la part de fa mere, & une de la part de fon pere ; qu'elle devoit recueillir celle de fa mere, parce qu'elle n'avoit point eu d'en-fans, mais qu'elle ne pouvoit pas argumenter de celle qui lui avoit été faite par fon pere, parce que le cas n'en étoit point arrivé, puifqu'il ne l'avoit inftituée qu'en cas qu'il n'eût point d'enfans, & qu'il en avoit laiffé.

On fent que les Appellans ont recherché tout ce qu'ils pouvoient trouver d'autoritésquiparuffent favorables à leur fiftéme, quelqu'éloignées & étrangéres qu'elles fuffent ; la difcuffion qu'on vient d'en faire, prouve qu'il n'y en a aucunes qnî puiffent être mifes en paraléle avec celles que les Intimées font en état de leur oppofer.

Quelques raifonnemens que l'on puiffe faire fur cette queftion, il eft donc facile de fe déterminer, quand on veut en revenir à la juftice, à la raifon, à la regle, à la faveur que méritent des enfans d'un premier lit, au danger qu'il y a que des peres qui ont porté toutes leurs affections dans leur nouvel engagement, n'abufent de leur autorité pour dépouiller les enfans du premier, & enrichir ceux du fecond.

Si l'on ne peut s'armer de trop de rigueur pour empêcher ces fortes d'a-vantages indirects, c'eft fur-tout contre des rénonciations à fucceffions futures, contraires au droit commun, à la juftice, à l'ordre de la nature, qu'on doit en faire ufage.

Si l'on peut, comme l'a penfé le Brun, les tolerer en faveur de freres confanguins, en faveur du nom, ce qui feroit encore fort douteux, on ne peut du moins jamais les approuver, lorfque ce font des freres uterins d'un autre nom, & en quelque forte d'une autre famille qui veulent en profiter.

En appliquant ces principes à l'efpece particuliere, l'on va voir que tout fe réunit en faveur des Intimées.

1°. Les rénonciations qu'on leur oppofe, font des rénonciations va-gues, indéterminées, qui ne font faites au profit de perfonne en parti-culier, qui par conféquent ne méritent pas autant de faveur que des ré-nonciations faites au profit de perfonnes défignées fpécialement, & qui dans la regle doivent être déclarées nulles, puifque ces renoncia-tions doivent être faites nommément au profit des mâles.

2°. Elles n'avoient, lorfqu'elles les ont faites, aucune connoiffance de leurs droits, puifqu'il n'avoit point été fait d'Inventaire à la mort de leur pere, & qu'on ne peut encore aujourd'hui leur en reprefenter aucun.

3°. Il ne leur avoit été lors, & il ne leur a été jufqu'à prefent rendu aucun compte de tutelle ; ce compte leur eft même dû, tant par la fuc-ceffion de leur mere à qui cette tutelle étoit déferée fuivant l'art. 8 du Réglement du Parlement de Rouen de 1673, qui devoit en tout cas fui-vant l'art. 5, leur faire nommer un tuteur, à peine d'en être perfonnelle-ment refponfable, que par le fieur Vaubert qui a été affocié à cette tutelle par fon mariage, & en eft devenu garant, fuivant l'art. 11 de ce même Ré-glement, & l'art. 7 des Placités.

L

4°. On les a fait renoncer non-seulement à la succession future de leur mere, mais à la moitié de sa dot, dont elles étoient donataires par son contrat de mariage de 1676. ce qui suffiroit seul pour détruire leurs renonciations, puisque si l'on tolere que des peres & meres puissent faire renoncer leurs filles en les mariant à leurs successions futures, il n'a jamais été permis de les faire renoncer à des droits échus ; ainsi la donation de moitié de la dot de leur mere qui leur avoit été faite par son contrat de mariage, étant un droit échû, un droit qui leur étoit acquis, on n'a jamais pû les y faire renoncer.

5°. Les donations qui leur ont été faites par leurs contrats de mariage, & dont leurs renonciations ne font qu'un accessoire, n'ont été fondées que sur un acte nul & évidemment frauduleux, l'on veut dire sur l'acte du 16 Fevrier 1687. par lequel le sieur Vaubert avoit fait réduire la dot de leur mere de 18000 liv. à 8365 liv. contre la teneur de son contrat de mariage & des deux quittances des 20 Fevrier 1676. & 27 May 1678. & contre la disposition précise de l'article 388. de la Coutume de Normandie, acte nul en ce qu'il est passé par la Dame Bodin comme veuve du sieur Greffent, quoique dès 1686. elle eût épousé le sieur Vaubert, & tellement frauduleux que le sieur Vaubert n'a pas osé y paroître publiquement comme son mari, & s'est contenté de le signer comme témoin.

6°. Si l'on joint à ces circonstances le dépouillement total qui resulte de ces contrats de mariage & des renonciations qui y sont inserées, du droit que les Intimées avoient en leur qualité de filles, sur tous les conquêts qui ont été faits pendant son mariage, ces dotations sont bien plutôt des exherédations totales que des renonciations ; c'est par conséquent le cas où suivant tous les Auteurs, l'on ne doit avoir aucun égard à ces renonciations.

7°. Il ne faudroit en tout cas pour le détruire que le fait qu'elles ont été faites depuis le second mariage de leur mere avec le Sr Vaubert, parce que des renonciations de cette espece exigées par un second mari d'enfans du premier lit, ne peuvent être regardées que comme l'effet d'un empire injuste qu'il a exercé, comme un avantage indirect qu'il a voulu se procurer, un détour pour dépouiller les enfans du premier lit, & enrichir ses enfans du second lit : c'est ce qui resulte du principe que l'on a ci-dessus établi.

8°. Les Intimées ne sont pas même dans le cas dont parle le Brun, où l'on puisse faire valoir la faveur du nom, puisque les sieurs Vaubert qui voudroient profiter de ces renonciations, ne portant point leur nom, sont en quelque sorte à leur égard d'une autre famille ; elles sont au contraire précisément dans le cas où suivant cet Auteur, ces sortes de renonciations dont tout l'effet est de faire passer les biens des enfans d'un premier lit à ceux du second, ne sçauroient être autorisées.

Si chacun de ces moyens suffiroit pour détruire ces renonciations, il ne peut donc y avoir aucune difficulté en les réunissant à les rejetter.

Les Appellans disent qu'on n'écoute point en matiere de renonciations à successions futures portées par des contrats de mariage, les moyens de lezion, que les Intimées ne prouvent point, en tout cas qu'elles ayent été lezées ; elles voudroient même infinuer qu'il ne faudroit confidérer cette lezion que eû égard au tems que ces renonciations ont été faites.

La lezion énorme & qui degenere en une veritable exheredation, fuffit fuivant les Auteurs pour détruire une renonciation même à fuccef-fion future, parce le pere ou la mere qui les ont exigées, *non funt funti officio pietatis*, les filles qu'ils y ont fait confentir *exhæredatæ potius quam honeftè dotatæ fuerunt*; ce moyen n'étant point le feul qu'employent les Intimées, fe réuniffant à la fraude évidente de leurs renonciations, au défaut de connoiffance de leurs droits, au principe que des tuteurs ne peuvent faire paffer aucuns actes, donner aucun confentement à leurs mineurs avant de leur avoir rendu compte, à la renonciation aux droits qui leur étoient acquis par le contrat de mariage de leur mere. & fur-tout à la circonftance du fecond mariage qu'elle avoit contracté, dont le fieur Vaubert a manifeftement abufé pour faire paffer les biens des enfans du premier lit à fes enfans du fecond lit, il ne peut en tout cas y avoir aucune difficulté.

L'effet de ces fortes de renonciations, étant de priver les filles qui ont renoncé, des droits que le fang leur permettroit d'exercer dans la fuccef-fion de leurs pere & mere, il n'eft pas vrai que la lezion ne doive être confiderée qu'au tems des renonciations ; c'eft au contraire necef-fairement au tems de l'ouverture de la fucceffion, puifque ce n'eft qu'à ce moment que l'on peut connoître l'importance des droits aufquels elles ont renoncé: les Appellans eux-mêms ont été forcés de le re-connoître, en difant dans leurs griefs, *qu'il eft plus conforme à la Loi & à la nature de l'acte de fe fixer au tems de l'ouverture de la fucceffion.* Folio 116. verf.

Ils oppofent que la Dame d'Ivry étoit pleinement majeure lors de fon contrat de mariage, que la Dame Godefroy ayant plus de 20 ans, l'étoit de majorité coutumiere.

La majorité coutumiere n'eft jamais regardée que comme une éman-cipation legale ; la majorité ne peut en tout cas former de fins de non-recevoir que par rapport aux renonciations à fucceffions échues; fi les reconciations à fucceffions futures ne font pas accompagnées de toutes les conditions fans lefquelles elles ne peuvent être autorifées, elles font nulles, & ce moyen de nullité peut être propofé même par des majeurs.

Les Lettres de Refcifion devoient, dit-on, être prifes dans les 10 années au moins du jour du décès de la Dame Vaubert; étant décédée en 1715. & les Lettres n'ayant été obtenues qu'en 1741. elles font non-recevables.

Les Lettres de Refcifion ne font que fubfidiaires, parce que fi les re-nonciations des Intimées ne font point valables en elles-mêmes, étant contraires au Droit commun, à l'ordre de la nature, elles font nulles, & cette nullité a pû être propofée au moins dans les 30 années du jour du décès de leur mere.

Les Appellans feroient d'ailleurs encore mal fondé à oppofer ce laps de tems de 10 ennées, parce que 1°. N'ayant été rendu aux Intimées aucun compte de tutelle, elles doivent toujours être regardées comme mineures, surtout vis-à-vis du sieur Vaubert & de ses representans, qui suivant les Reglemens du Parlement de Rouen a été associé à leur tutelle.

2°. N'y ayant point eu d'inventaire avant la mort du sieur Vaubert arrivée en 1739. elles n'ont pû jusques-là avoir aucune connoissance de leurs droits.

3°. Ayant été jusqu'en 1733. & 1736. sous la puissance de leurs maris, on ne pourroit leur opposer leur négligence & leur inaction.

4°. L'article 331. de la Coutume de Normandie donnant au mari l'usufruit de la moitié que la femme a dans les conquêts, on a pû penser que jusqu'à son décès le sieur Vaubert avoit droit d'en jouir, & par cette raison ne devoit point être inquiété, & quoi qu'on se soit trompé à l'égard des conquêts de Paris sur lesquels cet usufruit ne pouvoit pas s'étendre, comme les Appellans le reconnoissent, cette erreur seroit encore suffisante pour écarter cette fin de non-recevoir.

Si ces Lettres de Rescision ne sont en tout cas que subsidiaires, tous ces incidents tombent d'eux-mêmes.

Les Appellans qui sentent parfaitement le peu de confiance qu'ils doivent mettre à ces fins de non-recevoir, & que ces prétendues renontiations des Intimées ne sçauroient jamais avoir par rapport aux biens de Paris aucun effet, ont recours à un autre moyen.

Les filles qui ont été mariées en Normandie, sont, disent-ils, exclues de droit de la succession ; lorsqu'elles n'ont point été mariées, elles ne peuvent suivant l'article 149. demander qu'un mariage avenant ; quand elles l'ont été, elles ne peuvent suivant l'article 250. rien prétendre, quand on ne leur auroit donné même en les mariant aucune dot ; ils en concluent qu'indépendemment de la validité de leurs renonciations, les Intimées ayant été mariées, ne peuvent rien prétendre sur les conquêts de Normandie.

Ce moyen ne regarderoit, selon eux-mêmes, que les conquêts de Normandie qui ne paroissent pas faire un objet, si l'on en croit le détail des biens qu'ils font dans leur Memoire; il ne sera pas en tout cas difficile de faire voir qu'il est encore mal fondé.

1°. Les Intimées étant donataires de la moitié de la dot de leur mere par le contrat de mariage de 1676. cette exclusion ne pourroit pas faire cesser l'effet de cette donation, ni par conséquent effacer la nullité des renonciations qu'on leur a fait faire par leur contrat de mariage.

2°. L'esprit de la Coutume de Normandie n'a jamais été de prononcer cette exclusion contre des filles à qui il n'a point été rendu compte de leur tutelle.

3°. L'article 250. ne parle que des pere & mere qui ont marié leurs filles communes, & ce n'est que dans ce cas qu'il prononce contre la fille l'exclusion, *le pere & la mere peuvent marier leur fille de meubles sans heritages, ou d'heritages sans meubles ; & si rien ne lui fut promis lors*

de

de son mariage, rien n'aura. L'article 251. qui autorise les freres à marier leurs sœurs, lorsque les pere & mere ne l'ont point fait, ne parle pareillement que des freres de pere & mere, *les freres peuvent comme leurs pere & mere, marier leurs sœurs :* il n'y a aucun article de la Coutume de Normandie qui prononce cette exclusion, lorsque la fille n'a point été mariée par ses pere & mere, ou ses freres germains.

4°. Cette exclusion ne peut sur tout jamais avoir lieu, lorsqu'elle a été mariée dans le cours d'un second mariage contracté par son pere ou par sa mere, parce que cette exclusion degenereroit en ce cas en un avantage indirect, ou en faveur des conjoints eux-mêmes, contre la prohibition de l'article 410. de cette Coutume, ou en faveur du second lit, contre la disposition précise de l'article 281. qui, comme on l'a observé, défend dans le cas d'un second mariage, *de faire la condition des enfans d'un lit meilleure que celles des autres lits.*

L'on renvoye dans le petit Coutumier de Normandie de l'article 250. qui contient cette exclusion des filles mariées, à cet article 281. qui doit servir à l'expliquer, & l'unique moyen de concilier ces deux articles, est en effet de restraindre la disposition de cet article 250. au cas où une fille a été mariée par ses pere & mere, & d'en faire cesser l'effet, lorsqu'il y a un second mariage, & des enfans d'un autrelit, puisque sans cela ce seroit évidemment *faire la condition des enfans d'un lit meilleure que celle des autres lits.*

5°. C'est aussi ce qui resulte du principe que l'on a établi ci-dessus par raport aux renonciations à successions futures que l'on a fait faire à des filles en les mariant.

Si l'effet de ces renonciations doit cesser lorsque l'avantage n'en retombe que sur des enfans d'un second lit, s'il n'est pas juste que des pere & mere abusent de leur pouvoir pour dépouiller des enfans d'un premier lit, & enrichir ceux du second, il en doit être de même de l'exclusion prononcée contre les filles mariées par quelques-unes de nos Coutumes, puisque les mêmes raisons se réunissent en ce cas pour l'écarter.

L'objet de ces Coutumes n'a jamais été que de donner la préference aux freres sur leurs sœurs ; mais elles n'ont envisagé en cela que les freres issus du même mariage, les freres de pere & de mere ; on ne sçauroit raisonnablement penser qu'elles ayent porté cet esprit de prédilection jusques sur des freres d'un autre lit, sur tout jusques sur des freres qui ne portent point le même nom que la fille mariée.

On peut encore moins le pretendre dans la Coutume de Normandie que dans toute autre, puisqu'elle declare précisément dans l'art. 281. que lorsqu'il y a des enfans de differens lits, *on ne peut faire la condition des enfans d'un lit meilleure que celle des autres lits.*

C'est ce qui resulte bien clairement des articles de la Coutume de Bourbonnois, qu'on a déja cités ; si l'article 305. prononce cette exclusion contre les filles mariées, l'article 307. explique, que cette exclusion, aussi-bien que la renonciation faite par la fille par son contrat de mariage, *s'entend être faite au profit de l'hoir mâle germain, & des des-*

M.

cendans de lui , sans qu'il soit besoin d'en faire autre expression.

Si cette exclusion & cette renonciation sont censées faites en faveur de l'hoir mâle germain, si le consanguin & uterin en sont exclus, même quand la renonciation seroit faite en general & sans aucune expression particuliere, ils sont donc incapables. Si quelques Auteurs ont pensé qu'il ne resultoit delà qu'une simple préference en faveur des freres germains, lorsqu'il y en avoit, la plupart des Auteurs ont été de sentiment contraire ; cette idée est d'ailleurs manifestement opposée au texte de cette Coutume, à la justice, à la raison, à l'esprit de toutes les Loix des secondes nôces, dont le principal objet a été d'empêcher qu'un lit ne fût avantagé au préjudice de l'autre.

C'est ce qu'ont decidé *le Brun , Papon , la Peyrere , Bretonnier , Taisant , M. Louet ,* dont il seroit superflu de raporter ici les autorités.

C'est ce qu'ont pensé entr'autres Basnage & Pesnelle, Commentateurs de la Coutume de Normandie.

Pesnelle dit nommément que *c'est une exception* aux articles 250. 252. & 363.

Sur l'article 250. Basnage cite un Arrêt du 27 Juin 1681. qui confirme bien clairement ce principe. Une mere qui avoit deux filles de son premier lit, en avoit marié une à laquelle elle avoit donné 7000 livres ; elle avoit dans la suite marié la seconde à un Conseiller au Parlement de Rouen, mais elle ne lui avoit rien donné ; elle étoit lors remariée ; quoique cette seconde fille ayant été mariée convenablement, fût également exclue que celle qui avoit été dotée, aux termes de l'article 250 ; le Conseiller au Parlement reclama le mariage avenant de sa femme ; la fille qui avoit été dotée, avoit demandé un supplément de legitime ; mais ayant reconnu qu'elle avoit reçu tout ce qui pouvoit lui revenir, elle s'étoit desistée ; on opposoit au Conseiller au Parlement la disposition précise de cet article 250 ; il argumentoit à la verité de quelques écrits particuliers, par lesquels il pretendoit que sa femme avoit été reservée à partage ; mais ces écrits avoient été suivis de protestations ; on les attaquoit, même par des Lettres de Rescision, & son moyen principal paroissoit être, suivant que le raporte Basnage, que *quand la Coutume avoit laissé la liberté aux peres & aux meres de marier leurs filles sans leur donner rien , elle avoit présumé que la pieté paternelle & maternelle les porteroit à s'acquitter de leur devoir , & à faire tout ce qui seroit necessaire pour l'avantage de leurs enfans ; mais que l'on ne pouvoit pas avoir cette pensée d'une mere, lorsqu'elle avoit passé sous les loix d'un second mari , parce qu'ordinairement les secondes affections effaçoient les premieres.* L'Arrêt decida, en effet en sa faveur.

Les Appellans citent les dispositions de quelques Coutumes qui disent que les filles mariées sont exclues tant qu'il y a des mâles heritans dans lesdites successions.

Ces Coutumes même ne devroient s'entendre que des mâles issus du même mariage; quand les expressions qu'on y trouve pourroient d'ailleurs faire quelque difficulté , on n'en pourroit rien conclure pour la Coutume de Normandie , parce que , 1°. L'article 250. sur lequel on fonde l'exclufion des filles mariées, loin de s'exprimer dans ces termes generaux, ne parle que des filles mariées *par leurs pere & mere.* 2°. L'article 281. decide expreffément que lorfqu'il y a des enfans de differens lits, *l'on ne peut faire la condition des enfans d'un lit meilleure que celle des autres lits.*

Les autres autorités invoquées par les Appellans, ont été fuffifamment refutées ; ainfi ce dernier moyen ne fçauroit donc leur être plus avantageux que les autres.

Tout fe réunit par confequent en faveur des Intimées ; elles ne cherchent point à ôter aux Appellants la fucceffion de leur pere ; elles ne reclament que la portion que le fang leur donne dans les biens de leur mere, elles n'invoquent que l'égalité que dicte la nature : que leur oppofe-t'on ? Des renonciations injuftes, extorquées par un fecond mari ; pour dépouiller les enfans de fa femme, & enrichir les fiens, une non communauté, également condamnée par la Coutume de Paris, où font fitués les conquêts qu'elles reclament, & par la Coutume de Normandie, fous la loi de laquelle leur mere a été mariée, & dont elle s'eft nommément refervée par fon contrat de mariage tous les avantages, que la tranflation de domicile de fon mari n'a pas pû lui faire perdre.

Les Juges du Châtelet après avoir examiné ces queftions avec l'attention la plus fcrupuleufe, n'ont pas cru pouvoir refufer leur fuffrage à des prétentions auffi juftes & auffi favorables : elles ont tout lieu de fe flatter que la Cour confirmera leur decifion par fon Arrêt.

Monfieur *DE GARS,* *Rapporteur.*

Me GILLET, Avocat.

FOURNIER, Proc.

De l'Imprimerie de la Veuve D'ANDRÉ KNAPEN, au bout du Pont S. Michel. 1746.